鮨本

「旨い」には、理由がある。

静岡県「すし」の名店34選

鮨は魚へんに「旨い」と書く。
酢を合わせた米と魚が重なり旨くなる。
この極上の料理が生まれたのは、江戸時代。
以来、日本人に愛され続けてきた。
「旨い」には、理由がある。
たまには本物の鮨が堪能できる名店で、
自慢の一貫を味わってほしい。

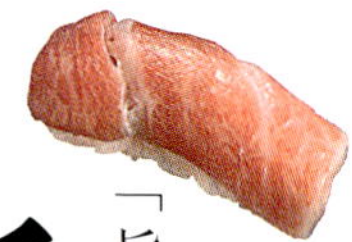

「旨い」には、理由がある。

鮨本

静岡県「すし」の名店34選

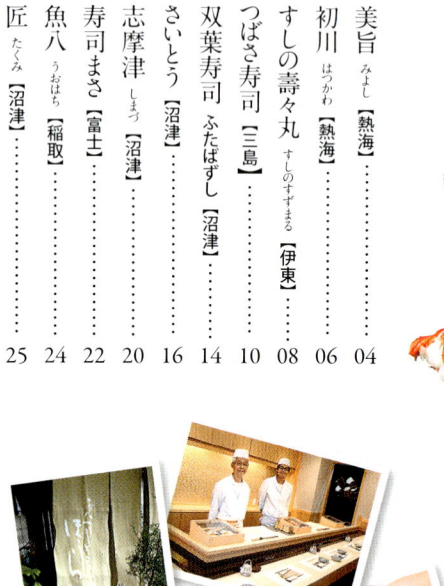

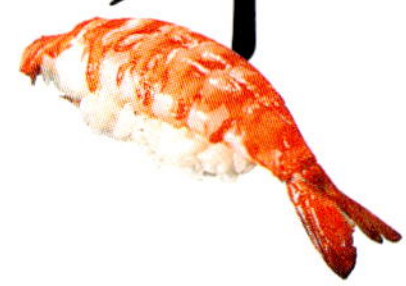

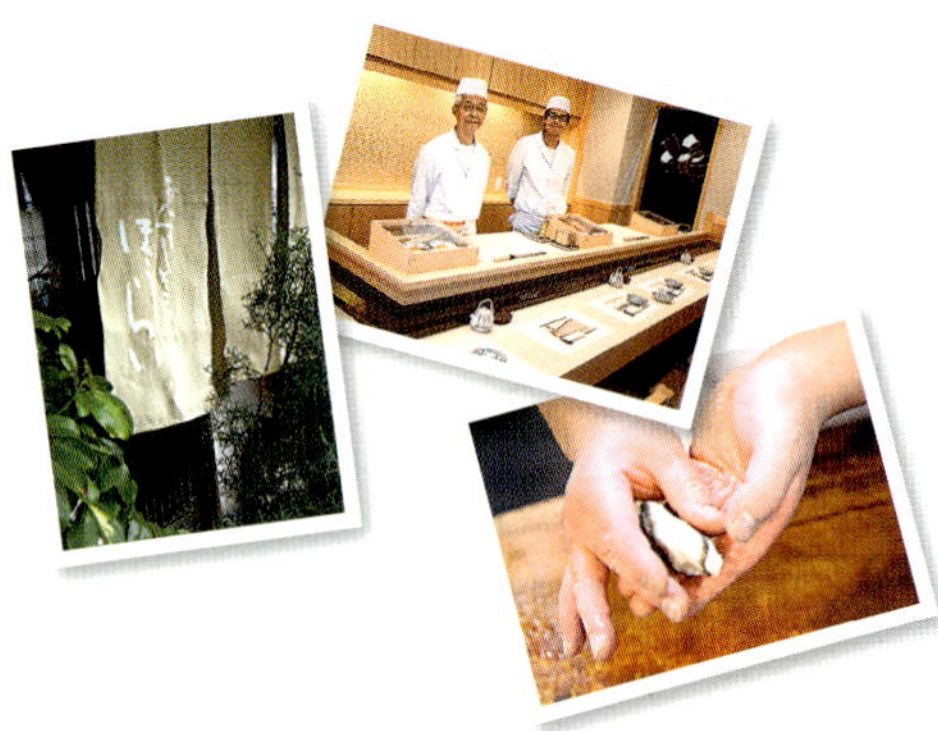

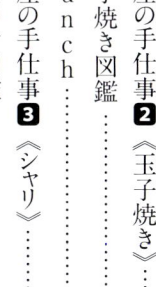

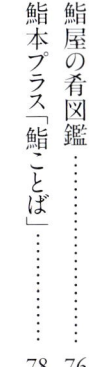

［データの見方］

T 電話番号
営 営業時間
休 定休日
席 席数
P 駐車場
【お薦め】店お薦めの鮨、料理
【予算】昼・夜の1人あたりの料金目安

※定休日の表記は、年末年始、お盆休み、ゴールデンウィークの休みは省略しています。
※情報は2012年10月1日現在のもので、営業時間、定休日、料金等は変更される場合もあります。
※掲載料理写真は取材時のもので、料理内容や並び方など、異なる場合があります。

仕入れは築地から カウンター6席の名店

午前4時半、熱海から電車に乗り込み、築地を目指す。市場に6時半に着き、馴染みの店を回りその日の仕入れを目利きする。店主・三浦新二さんの2日に一度の築地行きは、もう、20年近く続いている。熱海という地に居ながらあえて築地へ。マグロは国産本マグロ、アナゴは羽田沖産、ウニは利尻・淡路・九州とその時々の一番を、ほかにも北海道のエゾアワビ、佐賀の竹崎カニ…。全国から一級品が集まる築地でなければ手に入らない、納得のいくネタを手に入れるためだ。東京での修業が長く、仲卸との信頼関係はその頃から続いているのだろう、との想像とは裏腹に、九州、大阪で修業を重ねたという。関西と関東の間の鮨を目指し、独学。築地でも最初はまったく相手にされなかったと言う。店主いわく「お客さんに教えてもらって、今の味があるんです」。

そんな店主の鮨を楽しむなら「にぎり」(小丼、デザート付)か、酒肴、旬のお造り、旬のにぎり、小丼、デザートが順を追って出される「おまかせ」を。歌舞伎役者の市川海老蔵さんが新之助時代に名付けたという、山芋のドームにマグロやウニが詰められた「雪中花」(予約)も人気だ。自家製のガリをアテに酒を楽しむのもいい。

すし処 美旨《みよし》

熱海市昭和町13-1
T0557・82・5469
営17:00～21:00 ※昼は予約で営業　休不定休
席カウンター6席、個室1室(予約)　Pなし

【お薦め】
●にぎり5250円
●おまかせ12600円、15750円、18600円
●雪中花1575円

【予算】
昼・夜5250～15750円

かんぴょう、キュウリ、大葉入りのシャリの上にマグロの漬け、ウニがのる「小丼漬丼」2100円。「にぎり」、「おまかせ」にも付く

6～8月の新ショウガの時期に、1年分が仕込まれるガリ

カウンター6席だけの店というのも珍しい。別荘族や東京からの客が多い(要予約)

本鮪《まぐろ》の赤身漬け

握る直前に醤油、酒、みりんの漬汁に10分ほど漬ける。1貫525円（通年）

鯵《あじ》の昆布〆

甘酢で炊いた薄板昆布をのせて、スダチをかけて客の前に出される。1貫525円（初夏）

由良の雲《う》丹《に》

希少な淡路島産のウニ。臭みのないマイルドな味が特色で、塩で食べる。1貫1050円（夏）

煮鮑《あわび》

150~200gほどのエゾアワビを使用。上にのせられた肝がおいしさを増す。1貫1050円（初夏）

鯛《たい》

刺身の上には湯引きした皮、下には大葉が敷かれている。1貫1050円（春）

穴《あな》子《ご》

塩焼きはつまみで、煮穴子はツメを塗ってにぎりで。黒七味を振って食べる。1貫525円（通年）

価格も心遣いもうれしい。昼夜異なる楽しみ方で

2011年2月のオープン以来、口コミで人気が広がり続けている店がある。和風の造りだがモダンな雰囲気すら漂い、BGMのジャズがさりげなく空間を演出する「初川」だ。

60歳を過ぎ心機一転、新しい土地で暮らそうと熱海へ引っ越してきたオーナー・田村統子さん。友人たちに促されるまま、自身の好物である鮨を出す店を始めた。自らを「おせっかいおばさん」と言う田村さんのキラキラした明るい笑顔と気さくな性格が人を引き寄せ、常連客からは「ママ」と呼ばれ親しまれている。一人一人との付き合いを大切にするための席数、誰もが気軽に立ち寄れる価格設定。「安心してゆっくり食べて、笑って帰ってくれればそれでいい」と田村さんは笑う。

熱海で獲れる魚を中心に光り物や白身魚が多数揃う。毎日違うネタを提供できるようローテーションで旬の魚を仕入れている。

甘めのシャリは客に応じて量を調整。椀のサービスもある。和食の職人が作る煮物、焼物、天ぷらなどが人気なのも、生ものだけで飽きないようにという心遣いがあるからこそ。昼はリーズナブルににぎりとちらし、夜はゆっくり酒と和食で楽しみたい。

熱海の中心街を流れる初川沿いにある

寿司処 初川《はつかわ》

熱海市中央町14・11
T 0557・83・7933
営 11:30～翌2:00(1:30LO) ※日曜11:30～翌1:00(12:30LO) ※～15:00LOはランチメニューのみ　休 無休
席 カウンター10席、テーブル14席　P なし

【お薦め】
●桜海老掻揚900円
●西京焼(魚は日替わり)800円
●金目鯛1貫300円

【予算】
昼1000円、夜1500円～

金《きん》目《め》鯛《だい》

「トロ金目」と呼ばれるキンメダイを使用。脂ののりが抜群で深い味わい。1貫300円（通年）

平貝《たいらがい》

春から夏にかけて旬を迎える。歯切れのよい食感と甘みが楽しめる。1貫300円（通年）

地鯵《あじ》

最も脂がよくのる時期である初夏が旬。芽ネギとショウガを添えて。1貫200円（通年）

鮪《まぐろ》大トロ

時期によって産地を選び、その時期いい状態にあるマグロを使用。1貫500円（通年）

黒鯥《むつ》

秋冬が旬だが、夏でも十分に脂がのる。水揚げがそれほど多くない高級魚。1貫300円（通年）

小《こ》肌《はだ》

店で酢締めにしたコハダ。皮に食感があり、噛むごとに味わいが広がる。1貫200円（通年）

職人の技と漁師の心意気に魅せられる

銀座の老舗で5年の修業を積んだ後、何十もの店を渡り歩き腕に磨きをかけた店主・土屋敏夫さん。その確かな技と、下田の漁師の家に生まれ育った心意気が店の基盤を支える。ネタは伊東で揚がる地物を中心に、実家の漁で釣れる魚も並ぶ。気軽なところなら、にぎりと巻物の「相模」3150円、「駿河」2100円、「七島」1575円がお薦めだ。3日前までに予約すれば予算に応じた「おまかせコース」（5250円から）も受け付けている。

　そして外せないのは「玉子焼き」と「アナゴ」。すり潰した芝エビ入りの玉子焼きはプリプリの食感を引き出すため、1枚1時間かけてじっくりと焼き上げる。身に血が付かないように注意深く下ろし、洗いを最小限にすることで旨味を閉じ込めたアナゴはふわふわの食感。旨味の詰まった煮汁をベースに作ったツメも絶品だ。

　「敷居が高いと思われがちだが、気軽に来てほしい」と久ちゃんの愛称で親しまれる板長は言う。カウンターに座り1貫ずつ置かれる握りたての鮨を、会話とともに楽しもう。漁師の家に育った店主ならではの、アラや内臓を使った酒の肴も、お見逃しなく。

「なまこ壁」の店。店先に飾られた手作りの木彫りのタコも目を引く

美味満船
すしの壽々丸

すしのすずまる

伊東市猪戸1-8-36
T 0557・36・7387
営 11:00～22:00(21:30LO)
休 水曜　席 カウンター14席、個室3室（20人）　P 契約駐車場 30分サービス券あり

【お薦め】
●金目の煮付け1575円～
●穴子1貫525円
●玉子焼き1貫315円

【予算】
昼2625円、夜6300円

1階はカウンター席のみ。2階には座敷の個室がある

伊豆熱川産サザエは手からはみ出るほどの大きさ

「相模」3150円。マグロトロ、キンメダイ、アジ、ウニなどお決まりのネタに加え、その日仕入れた地魚などが日替わりで華を添える

店主が釣った白身魚を食べ比べ

伊豆箱根鉄道三島広小路駅から徒歩1分。わざわざ三島で新幹線を途中下車して足を運ぶ客も少なくない創業75年の名店がここだ。「普通の人は聞いたこともないような名前の魚を出すよ」とは店主・丸子淳平さん。知人の影響で始めた趣味の釣りが、現在の「つばさ寿司」を語る上では欠かせない。

日曜の営業終了後、土肥を出港して約6時間。釣人の間では有名な無人島・銭洲周辺で1週間分の白身魚を釣る。カンパチやシマアジ、時期によってはマグロまで、毎週10種類ほどの釣果が店に並び、沼津や網代で揚がる魚介を含めるとネタの数は約40種類にも上る。

「釣りたて白身づくし」は店主の釣った白身魚が存分に味わえるいち押しメニュー。「お鮨ってね、味が一つ一つ違うから贅沢なんですよ」と話す店主の言葉に大きく頷きたくなるほど、食感や味わいの違いが楽しめる。

野菜が摂りづらい鮨屋だからこそ作る、トマトやアスパラなどを使ったメニューも評判が良く、中でも「ホタテとアスパラのウニソース炒め」はファンの多い絶品だ。かしこまり過ぎていては味わいも半減してしまう。気さくで快活な店主の釣り話でも聞きに、気軽に足を運んでみてほしい。

つばさ寿司 本店

青海苔入り玉子焼き4切600円、桜エビ入り玉子焼き4切700円。素材の香りが楽しめる

三島市広小路町13-9
Ⓣ055・975・2180
営11:00～14:00、16:30～22:30(22:00LO) ※日曜～21:00　休月曜　席カウンター7席、テーブル42席
Ⓟ9台

【お薦め】
- ●ホタテとアスパラのウニソース炒め2100円
- ●クエの唐揚げ2100円
- ●釣りたて白身づくしにぎり10貫2100円

【予算】
昼2100円、夜8400円(平均)

3代目店主の丸子淳平さん

手前左からノドグロ（通年）1貫500円、キンメダイ（通年）1貫300円、芽ネギ巻（通年）1本500円。奥左からメイチダイ（通年）1貫500円、オナガダイ（通年）1貫400円、クロムツ（通年）1貫400円。それぞれの旬は5~7月

穴子鮨図鑑

ふんわり煮上げたものから、軽く炙ったもの。たっぷりツメ（タレ）をまとったものもあれば、塩や柚子で食べるもの、白焼きタイプもある「アナゴ」。好みを探しての食べ比べもいい。

たか鮨（P64）

江戸前か伊勢・若松産の脂がのったアナゴのみを使用。ふんわりと煮た後、軽く炙りを入れる。自家製の山椒醤油や柚子塩で提供することも。1貫630円。

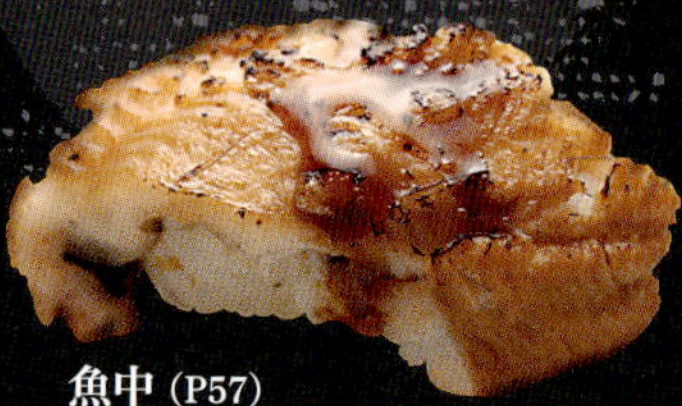

魚中（P57）

ふんわり感が違うというのが人気の秘密。塩で食べるのもお薦め。神奈川、対馬産の活けのものだけを使用。1貫200～250円。

鮨庵 さいとう本店（P16）

ビッグサイズに感激！ 脂ののった江戸前産「アナゴ」を丸ごと1本使用。ツメか白焼きを塩で。8～9月は刺身も酒のアテとして食べられる。1貫1050円。

おんすしところ ほうらい (P60)

江戸前のアナゴを煮て、握る前に軽く炙る。炒ってやさしくなめらかにした沖縄の塩で食べれば、アナゴ本来の味が楽しめる。山葵と醤油、秘伝のツメで食べてもいい。1貫400円。

寿し乃 む佐志 (P44)

ふっくら煮上げたアナゴを軽く炙り、繊細でいてつややかなツメを塗った美しい逸品。口の中でほどけ、広がる独特の味がたまらない。1貫420円。

日本料理 寿し半 藍路 (P72)

三河湾の天然物を使い、2度煮てから1度炙るという手間をかけた一品。口の中でとろけるやわらかな身とツメとの調和が絶妙な上アナゴ。香ばしさが際立つ塩で食べるのもいい。1貫420円。

すし處 氣市 (P42)

ふっくら食感と、炙った香ばしさ、そしてていねいに煮詰めたツメのやさしい味。3つがよく合う。運がよければ煮上がったばかりのものを食すこともできるかも。1貫315円。

鮨 よし水 (P38)

常連客に人気のアナゴは、究極のふんわり食感。写真は柚子塩だが、ツメも捨てがたい。悩むところだが、よし水では両方味わう人がほとんどらしい。1貫500円。

寿司割烹 八千代寿し鐵 (P40)

よそではなかなかお目にかかれない白焼きアナゴ。スダチを軽く絞って、塩で食す。素材本来の香りと食感、香ばしさに、思わず、「もう1貫!」。伊勢湾・尾鷲のアナゴを使用。1貫525円。

港町の情緒と各地の鮮魚を楽しむ

創業を尋ねると、首を傾げ照れたように笑う店主・髙島栄司さん。かつて狩野川の河口にあった沼津港が、内湾を建設し、現在の場所に移転した後。昭和26年頃に髙島さんの父親がこの市場街に「双葉寿司」を構えたという。まさに沼津港とともに歴史を刻んできた店だ。

暖簾をくぐるとまず目に飛び込んでくるのは、店の奥へと続く長いカウンター。その端から端まで延びるケースには、毎日40種類程度のネタが。沼津港に揚がった地魚や全国各地から届く魚介など、毎朝市場で仕入れた豊富な鮮魚が並ぶ。米は新潟県岩船郡関川村産コシヒカリ100%の「せせらぎ米」を使用。土作りからこだわって栽培する安心・安全の特別栽培米だ。

家族や仲間と気軽に楽しみたい時は、テーブル席や座敷席でゆったりくつろぎの時間を。じっくり鮨を堪能したい時は、やはりカウンターがお薦めだ。

食べるペースを邪魔しない、絶妙なテンポで目の前に置かれていく鮨。付け台の真紅にもよく映える。「気軽に立ち寄ってほしい」と話す髙島さんや、気さくな職人たちとの会話を楽しみながら、新鮮な鮨と情緒ある港の雰囲気を堪能したい。

双葉寿司《ふたばずし》

付け台の下には手を洗うための水が流れている

沼津市千本港町121-8
T055・962・0885
営11:00〜20:00LO　休火曜 ※月1回火・水曜連休あり　席カウンター11席、テーブル18席、座敷50席　P4台、契約駐車場無料チケットサービスあり

【お薦め】
●煮イカ1貫315円
●生げそ1貫315円
●おまかせ地魚入にぎり椀付き2500円

【予算】
昼・夜3500円くらい

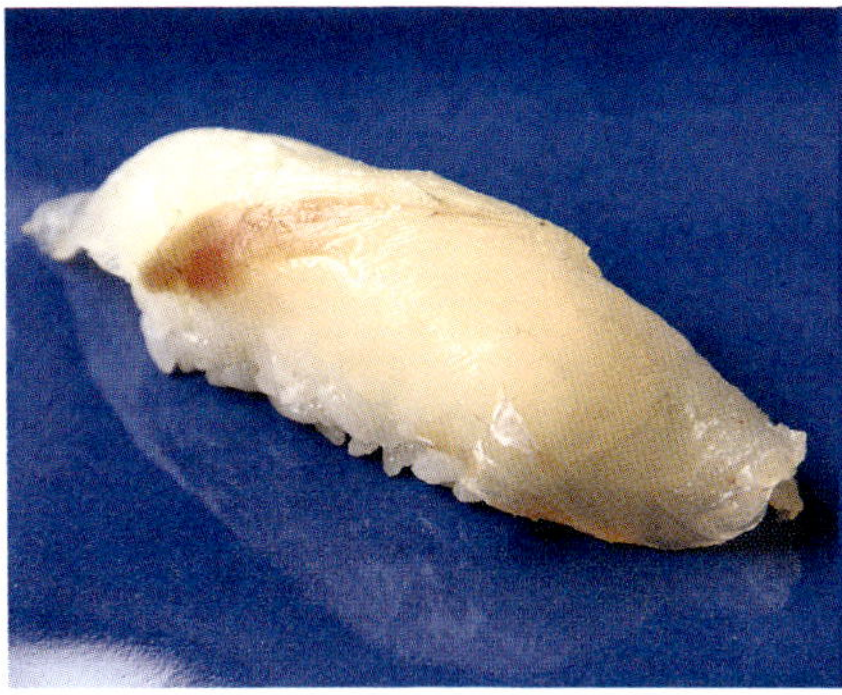

鯒《こち》

食感がフグに似ているといわれる高級魚。6~8月が旬。弾力、甘みに富んでいる。1貫630円(夏)

金《きん》目《め》鯛《だい》

東伊豆に揚がるキンメダイ。12~2月が旬だが、通年味わうことができる。1貫630円

車海老《えび》

旬は夏~冬。口に入れた瞬間に広がる香り、噛むほどに染み出る甘みが美味。1貫1050円

すきみ巻

インドマグロ100%のすきみをふんだんに使用。トロトロの食感がクセになる。1本630円(通年)

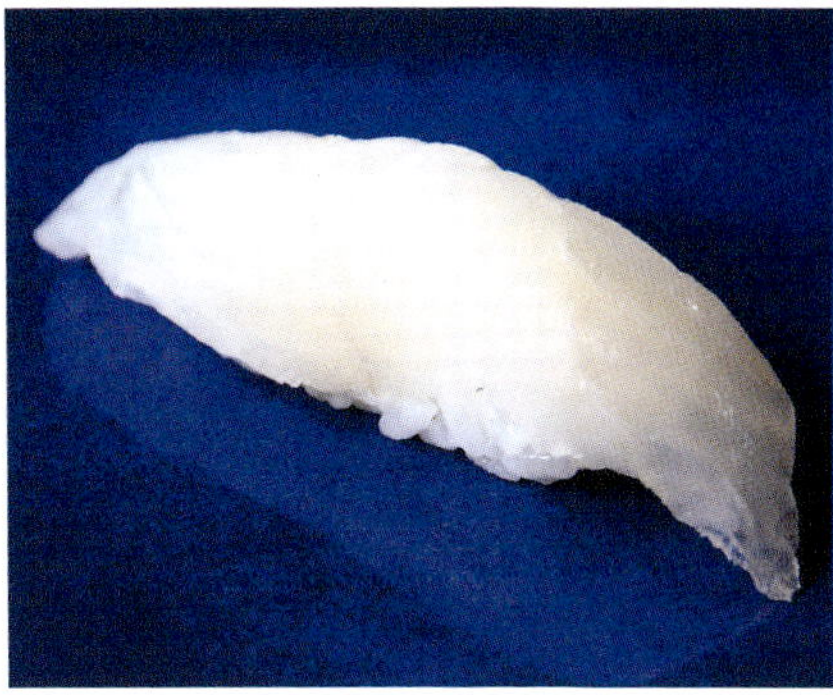

あかぎ

産卵期を終える6~8月が旬の白身魚。肉質が良くタイに匹敵する味わい。1貫630円(夏)

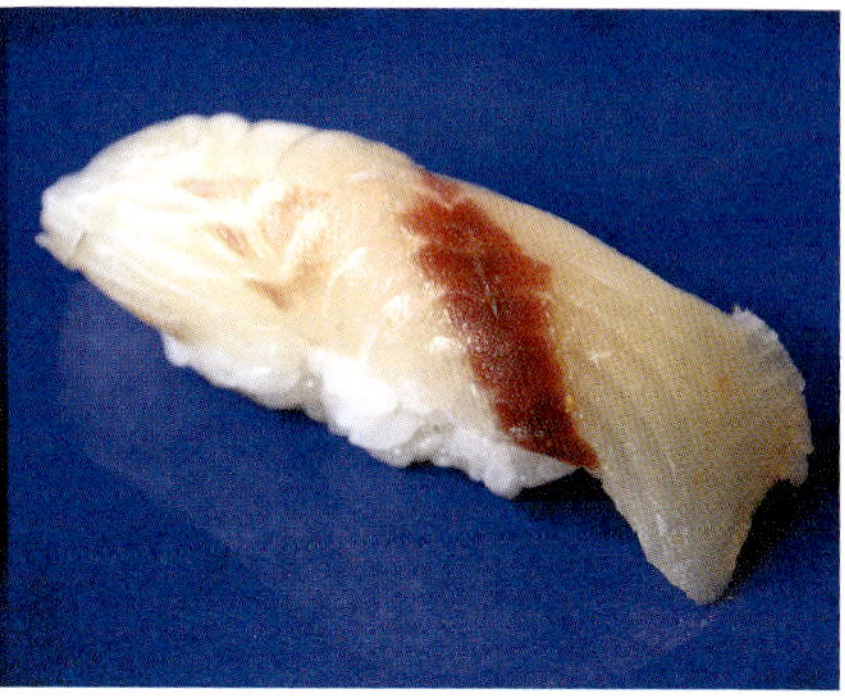

伊《い》佐《さ》木《き》

産卵をひかえた6~7月が旬。皮の下に旨味の詰まった脂がのる。1貫420円(夏)

魚市場街で楽しむ
地物と、うに入りいか鉄砲

多くの鮨店が建ち並ぶ沼津魚市場街。この激戦区に店を出し14年、場所柄観光客が多いのではと思うのだが、「さいとう」には地元の鮨好きが集まる。鮨をつまみながら、旬の魚の話など、親方・齋藤毅さんとの会話を楽しむ。これが客の目当てだ。仕入れは親方が毎朝、沼津魚市場に通って、目利き。毎日通っているからこそ、値の動きが予想でき、いいものを安く仕入れることができるのだという。あえてこの地に店を出した理由がここにある。

さて、「さいとう」を訪れたなら、まずは20年来の名物「うに入りいか鉄砲」を味わってほしい。地元で揚がったイカの中に、海苔で巻いた、ズワイガニ、ウニ、シャリを詰めたオリジナルだ。地物のシマアジ、キンメダイ、タチウオ、カンパチ、タコ、江戸前のアナゴ、厚岸のカキ、三河湾の貝も人気が高い。6月末~7月の期間限定ながら、ていねいに仕事が施されたシンコもぜひ。

シャリはあきたこまち、ササニシキ、コシヒカリのブレンドで、山葵は天城の5年物を使用。和食の修業も積んだ親方が作る酒のアテは、ハモのおとし、フグの刺身・唐揚げなど。地元の味なら、メヒカリや豆アジの素揚げもいい。

鮨庵 さいとう 本店

沼津市春日町47-2
Ｔ055・954・3009
営11:30～14:00、17:00～21:00 ※土・日曜11:30～21:00　休木曜（祝日営業、翌日休み）　席カウンター8席、テーブル6席、座敷8席
Ｐ4台ほか

【お薦め】
●板さんおまかせにぎり2940円
●地物にぎり「もも」1570円
●サザエのつぼ焼き100g730円

【予算】
昼2100～3150円、夜5250～6300円

地元であがった「豆アジの素揚げ」520円

新《しん》子《こ》 ていねいな仕事が施されたシンコを白板昆布と一緒に味わう。1貫2100円・時価(6月末~7月)

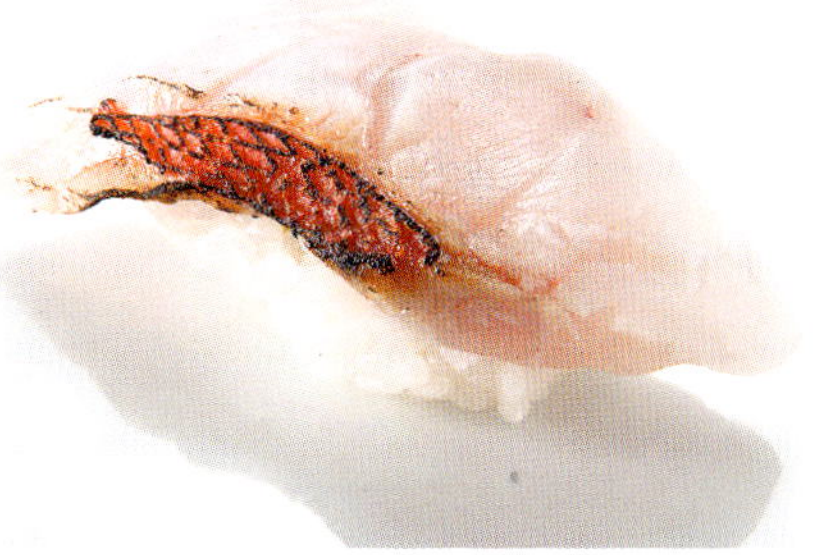

金《きん》目《め》鯛《だい》 伊東産のキンメダイを軽く炙って提供。グッと旨味が増す。1貫520円〔背〕(通年)

河豚《ふぐ》 食感のいいフグの薄造り2枚の間にはネギが。ポン酢で食べる。1貫630円(9~3月)

鯵《あじ》 地元産のアジは夏が特においしいとされる。鮮度の良さは言うまでもない。1貫260円(通年)

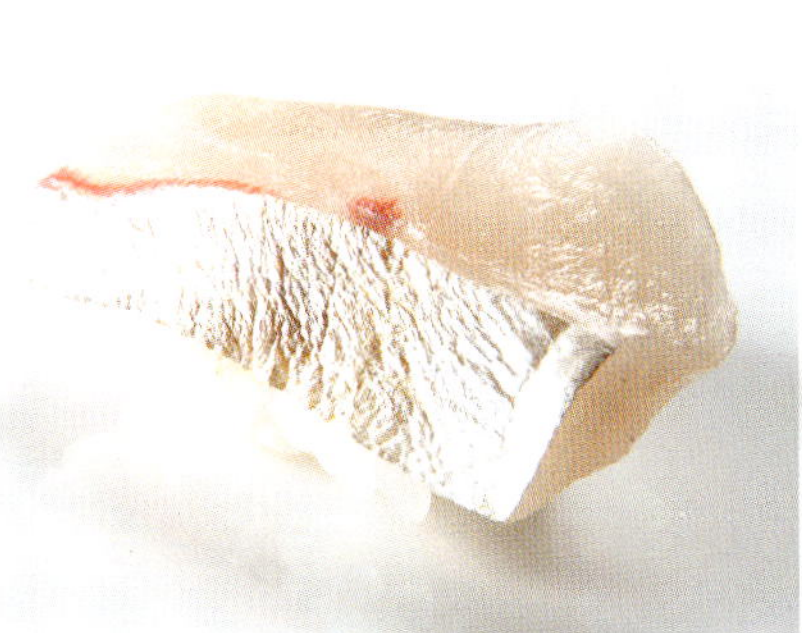

縞《しま》鯵《あじ》 脂がのった伊豆七島・新島産は初夏がシーズンで大きな物では10kgほどあるものも。1貫470円〔腹〕

海老《えび》 浜名湖産の天然物を使用。炙った頭が付くのもうれしい。1貫1260円・時価(通年)

「うに入りいか鉄砲」1890円。イカ飯にヒントを得て、20年ほど前に親方が考案。以来人気を呼び名物に

この道32年の親方・齋藤毅さん

新子

shinko

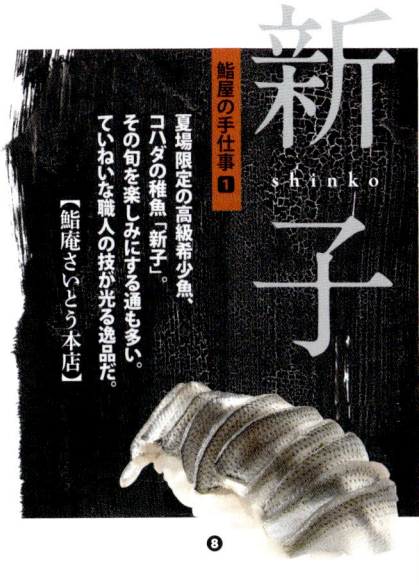

鮨屋の手仕事 1

夏場限定の高級希少魚、
コハダの稚魚「新子」。
その旬を楽しみにする通も多い。
ていねいな職人の技が光る逸品だ。
【鮨庵さいとう本店】

❽

❶その朝、舞阪港に揚がった新子は、生まれて1カ月も経っていないもの。長さ5～6㎝の新子の内臓を抜き、開き、骨を取る。根気のいる仕事だ。
❷すべての新子をおろし、仕込みの第1段階終了。
❸海水くらいの濃度の塩水に約10分ほど漬ける。
❹塩水から引き上げ、塩を洗いざるへ。
❺酢、砂糖、みりんの合わせ汁に5分ほど漬ける。
❻さいとうでは4種の味の異なる酢を使っている。
❼漬汁から上げ、北海道産の白板昆布を敷いて2～3時間で昆布は取り出す。一晩置くと味がまろやかになっていいという。
❽1貫にたっぷり8枚ほどのせれば完成。

❶

❷

❸

❹

❺

❻

❼

海を眺めながら、進化する鮨・和食を楽しむ

沼津市千本松原、静かな海沿いに位置する「志摩津」。和モダンに統一された店内はカウンター席と個室からなり、すべての個室から駿河湾を一望できる。「寿司と和食の店」として開店して16年。店主・島津英希さんと新たに料理長となった平河大輔さんによって、1年程前に大きな変化を遂げた。

「新しい技法や器具を使い進化していく、フレンチやイタリアンの技やアイデアを和食に」。新しい和食を提供しようと、動き出したのだ。沼津港、築地、イタリアをはじめとするさまざまな地域の食材を用い、7人のスタッフ全員で試行錯誤を重ねてメニューを考案。旬の食材を生かすため、メニューは月替わりとし、器もガラスや白を基調にしたものに一新した。

料理を楽しんでもらうことが店のコンセプトの一つ。2012年夏には、フォークとナイフで食す「半熟玉子のフライ添えのあしたか牛すき焼き」が登場するなど、チームワークが生み出す捻りのある料理で客を楽しませている。

昼はにぎり鮨2100円から、夜のコース料理は5250円から予算に応じて堪能できる。輝く海を眺めながらゆったりと、進化する新しい鮨・和食を楽しみたい。

すべての個室から駿河海を一望できる

Sushi Dining 志摩津《スシダイニングしまづ》

沼津市千本郷林1907-155
T 055・963・6760
営 11:30～14:00(13:30LO)、17:00～22:00(21:30LO)
休 月曜　席 カウンター6席、個室4室(～24人)　P 15台

【お薦め】
- ●「織部」和懐石または鮨懐石3675円(昼コース)
- ●「旬」8400円(夜コース)
- ●「料理長おまかせコース」21000円 ※3日前までに要予約

【予算】
昼3150円～、夜5250円～

黒をアクセントに使った高級感のあるカウンター席もいい

旬の食材で彩るコース料理「志野」6300円(昼)〈前菜6点盛、刺身、椀、焼物、煮物、鮨、味噌汁、デザート〉。鮨のネタはその日の水揚げにより替わる

豊富に揃う「貝」を楽しむ

一見すると民家のようだが、入り口に若草色の暖簾が見えたら、そこが「寿司まさ」。昭和54年の創業以来、週末は家族連れも多く訪れ、地元で愛され続けている江戸前鮨の店だ。

一年を通して貝類が豊富に揃い、その味と質に定評がある。アカガイやアオヤギ、タイラガイなどのにぎりはもちろんだが、アワビをはじめとする4種の貝刺しが楽しめる「貝の盛り合わせ」も外せない。沼津や東京から毎日仕入れる鮮魚をお得な価格で堪能できる「おきまり寿司」は初来店の人にお薦め。少し硬めに炊き上げたシャリは、口の中でほどけると一粒一粒がしっかりとした食感でネタとよく絡む。絶妙なバランスの甘みと酸味はまさに職人技だ。

店主・遠藤雅男さんがいち押しするのが「茶碗蒸し」。ホッキガイから取っただしをベースに作る海鮮茶碗蒸しは、口に広がる香りが一味違う。そしてもう一つの自慢の品が「アナゴ」。タレは創業当初から継ぎ足してきたものを、2日間かけてさらにじっくり煮込み、とろみのある深い味わいに仕上げる。

「緊張しない鮨屋」と遠藤さん。ダジャレも飛び交うカウンター越しの会話が初めて来る客をも和ませる。連日混雑するため予約をしてから出かけたい。

寿司まさ

黒を基調としたカウンター席。圧迫感のないゆったりとした造り

富士市中央町2-10-4
T 0545・53・0122
営 17:00～22:00(21:40LO)
休 月曜、第3日曜　席 カウンター12席、テーブル16席、座敷20席　P 9台

【お薦め】
●おきまり寿司 上1800円
●貝の盛り合わせ2100円
●茶碗蒸し525円

【予算】
夜5000円～

「イカとアスパラの明太子炒め」840円。一品料理も揃い、酒も進む

青《あお》柳《やぎ》

コリコリの食感。上品な甘さと磯の香りが広がる。旬は5月頃。1貫210円(3~10月)

鮪《まぐろ》

脂が多いと言われている120~160kgの南マグロを使用。1貫420円(通年)

穴《あな》子《ご》

口に入れるとほろほろほどけ、とろみのあるタレと一緒にとろける。1貫315円(通年)

鯵《あじ》

駿河湾で獲れるアジ。厚切りの身がボリューム満点。1貫210円(通年)

芽ネギ

口直し、箸休めに食べたい一品。シャキシャキの食感と香りがいい。1貫210円(通年)

あん肝

まったりと口の中に広がる香り高いあん肝。臭みがなく食べやすい。1貫315円(11~4月)

キンメのにぎりなら稲取の元祖店で本物を

寿し 魚八《うおはち》

賀茂郡東伊豆町稲取371-4
T 0557・95・1430
営 11：00〜21：00LO　休 水曜（祝日営業）※2・3・8月は無休　席 カウンター11席、座敷42席　P 8台

【お薦め】
- ●金目鯛しゃぶしゃぶ 2人前 6000円〜
- ●金目の煮付け 3150円
- ●おまかせ寿司 並3300円、上4300円

【予算】
昼・夜3000円くらい

港町らしい気取りのない雰囲気の店内

稲取漁協のすぐ裏に店を構える

稲取と言えば「キンメダイ」。今ではブランド品として全国的に有名だが、にぎりの元祖はここ「魚八」。30年以上前の開店当初から店の自慢の一品だ。1・5キロ超えのキンメから握る鮨はわずか2人前。アラ汁を含むと1人前に使われる量は贅沢に半身分にもなる。厚く大きく切られた身が、しっかりと握られたシャリの上から垂れ下がる。表面をさっと炙ることで稲取のキンメ特有の脂の旨味が一層引き出されている。

マグロ以外の魚はすべて稲取漁協で仕入れ、養殖や冷凍物は一切使わない。「都会では食べられない天然物。一度本物の味を体験してほしい」と店主の村上八郎さん。「食べてまずいと思ったら代金はいらない」という言葉からは、本物にかける自信がうかがえる。

「玉子焼き」1貫210円。昆布とカツオだしで味付けされ、甘みのないさっぱりとした味わいに

「金目鯛寿し」3300円。キンメダイのアラ汁、サザエの刺し身が付く。10月は伊勢エビ、11〜3月はカキがサザエの替わりに登場する

ネタもシャリも温度にこだわり 最良の「旨い」を目指す

「マグロ中トロ」1貫945円（通年）、「マグロ赤身」1貫735円（通年）、「シンコ」時価（6～8月）。マグロは、冬季は大間産限定で提供

大通りから一本外れた路地に佇む。こぢんまりとした店内は落ち着いた雰囲気が漂い、カウンター席と職人との距離感も遠すぎず会話を楽しむのにちょうどいい。

地魚をはじめ、その時期にベストな状態の魚を全国各地から仕入れ、築地には店主自ら毎週のように通って旬の魚介を厳選する。仕入れた後は、冷蔵ケースではなく、ネタ箱で保存。冷蔵ケースよりも乾燥を防ぐことができ、温度調整にも適しているので適温での提供がしやすくなるという。シャリはほんのり温かい人肌の温度。少し温かくすることで、ネタとよく馴染み、双方のおいしさがより際立つ。産地や鮮度だけでなく温度にも気を配り、最良の状態で鮨を提供したいという思いが伝わってくる。

店主・道上徹さんと絢さん

（上）ゆっくりくつろげる座敷席
（下）ネタ箱を目の前に楽しめるカウンター席

鮨処 匠《たくみ》

沼津市御幸町18-6
T 055・933・1772
営 12：00～13：30LO、17：30～21：30LO　休 月曜、火曜の昼　席 カウンター5席、座敷16席　P 6台

【お薦め】
●コース料理6300円
●上にぎり2700円
●特上にぎり4200円

【予算】
昼2500円～、夜4000円～

鮨職人とシェフが届ける北海道の旬

手前から、ボタンエビ（通年、旬は1・6月）1貫500～600円、塩水生ウニ（通年、旬は6～9月）1貫600円、子持ちシャコ（4・10月）1貫600円、生ニシン（3・6・9月）1貫200円、天然ヒラメ（10～7月）1貫300円、トキシラズ（5～7月）1貫280円。すべて北海道のネタ

「北海道に行くよりもおいしい魚が食べられる」と断言する店主・渡辺勝則さん。出身地・北海道の魚が味わえる店を作りたいと、30年以上の職人歴を経て2006年に店を開いた。県内ではめったに味わえない北海道のネタが揃う。初夏に襟裳で獲れる鮭「トキシラズ」は、脂ののりが抜群で、小樽の「子持ちシャコ」の大きさは段違い。身が爪まで詰まって味わい深い。産卵後6月に旬を迎える「ニシン」も生のまま握られる。

洋食とのコラボレーションも特徴の一つで、北海道の有名ホテルのシェフだった小松功二さんが作る料理も人気を呼んでいる。北海道産ジャガイモの濃厚なビシソワーズなど、「本格洋食」と「鮨」、その意外な組み合わせを楽しむのも、面白い。

（上）カウンター席奥には個室風のテーブル席も
（下）酒屋と連携して造る、料理の邪魔をしない酒

北の味物語 わたなべ

沼津市本字新町401-1
T 055・963・5670
営 12:00～14:00（13:30LO）、18:00～23:00（21:30LO）
休 月曜　席 カウンター6席、テーブル24席、座敷10席
P 6台

【お薦め】
●自家製ホッケの開き980円～
●貝のコキュール（ホタテ、ホッキ貝）780円～
●おまかせにぎり10貫3150円～

【予算】
昼980円～、夜4000円～

今では珍しい伝統の江戸前鮨、赤シャリを堪能する

赤しゃりの店　寿し処 いとう

富士市吉原2-9-15
T 0545・51・5400
営 17:30〜22:30LO　休 水曜　席 カウンター7席、座敷16席　P なし

(上)オリジナルラベルの鹿児島産芋焼酎。食事に良く合う
(右)くつろいで食事が楽しめる掘りごたつ式座敷席

【お薦め】
- ●茶碗蒸し500円
- ●穴子1貫300円
- ●天婦羅盛合せ1200円

【予算】
夜6000〜7000円

東京で修業を積んだ店主が握る鮨は、まさに江戸前。密閉貯蔵によって自然に赤く色付いた酒粕を原料とし、じっくりと発酵・熟成させて造られた赤酢を米と合わせ、今では珍しくなった「赤シャリ」で、伝統的な江戸前鮨の味を守っている。口の中にほのかに広がる風味とコク。酢独特のツンとする酸味のない、まろやかな味わいが特色だ。

魚は地物を主に揃え、貝類の豊富さも魅力。貝の刺盛りや赤酢で締めた「メサバ」や「コハダ」、生桜エビを使った「桜海老掻き揚げ」1000円なども定評がある。

掘りごたつ席で気取るところのない店内は、くつろいで酒と鮨を楽しむのに心地いい。宴会などで貸し切りの日もあるので、電話での事前確認がお薦めだ。

左から、本マグロ(通年)、ヒラメ(通年、旬は冬)、玉子焼き(通年)、地アジ(通年、旬は5〜9月)、鉄火巻(通年)。各種1貫・1本200〜450円

まずはランチから、そんな手もあります。

初めての店は、なかなか入りづらい。ましてや鮨店となると、なおさら敷居が高い。そこで、まずは昼時にたずねてみてはどうだろう。ランチなら値段もお手頃、安心だ。

1

気軽でお手頃、ボリュームも

【ランチにぎり】1000円

寿司処 初川（P06）

サラダ、茶碗蒸し、味噌汁付きというボリュームでこの価格。ランチタイムは11：30～15：00で、「にぎり」のほか「ちらし」（1000円）もあり、土・日曜、祝日もOK。安心して立ち寄れるのは魅力だ。

2

ネタは日替わり！お楽しみ

【上寿司ランチ】1800円

つばさ寿司 本店（P10）

7貫+巻物1本、椀付きのランチメニュー。沼津や網代で揚がる鮮魚や店主が自分で釣りあげたネタを日替わりで楽しむことができる。6貫+巻物1本の「寿司ランチ」1100円もある。

5 豊富なネタが美しい

【ばらちらし】1500円

すし處 氣市（P42）

煮たかんぴょう、シイタケをのせた酢飯の上には、目にも鮮やかなネタがぎっしり。赤身、白身、エビ、光り物、イクラなど約10種類が味わえる。甘エビの頭でだしをとった青海苔の味噌汁も絶品（シジミの日もある）。

3 懐石仕立ての贅沢ランチ

【「織部」和懐石】3675円（写真は一例）

Sushi Dining 志摩津（P20）

刺身、鮨は少なめに、焼物、煮物、椀物などを主に楽しめる和懐石。刺身、鮨が充実した鮨懐石も同価格である。どちらも味噌汁、デザート付き。見た目も美しく、女性に人気のコース料理だ。

6 アナゴが1本から1本半も!

【穴子丼】1680円

寿司割烹 八千代寿し鐵（P40）

アナゴ好きなら迷わず注文！有名産地、伊勢湾・尾鷲産の脂がのったアナゴをていねいに煮上げている。なんとたっぷり1本から1本半ものっているのだから人気も納得。味噌汁、デザートも付く。

4 鮨と洋風料理を一皿で

【ランチプレート】1680円

北の味物語 わたなべ（P26）

にぎり5貫に洋風の料理をプラスし、「わたなべ」らしさが光る。にぎりに加え、肉・魚料理、パスタ、スープなど、さまざまな料理を少しずつ楽しめると女性に人気。食後のアイスクリーム、コーヒーもうれしい。

旨味が熟成された倉沢の極上アジを

ネタは新鮮に限る。そんな固定概念を見事に打ち砕く鮨屋がここだ。毎日仕入れる魚は前海・由比の定置網で獲れた新鮮この上ないもの。だが店主・原敬さんは、「その日に揚がった魚は使わない」と断言する。ヒラメの昆布〆は1週間、倉沢のアジは、5日から1週間。旨味の熟成を待ち、はじめてにぎり鮨として提供する。店主の流儀だ。とはいえ、そんなに寝かせて魚は傷まないのだろうか？

その答えは、「内臓を抜き、独自の方法で雑菌処理し、毎日手を掛け熟成を待つ」。生臭さは消え、旨味を凝縮させた鮨ネタが完成するというわけだ。

そんな店主自慢のにぎりが味わえるのは、「地魚にぎり」、「鯵にぎり」。メニューはこれが基本で、ネタは地物のみ。魚体の厚さ・ハリともにほかのアジとは比べ物にならないほど丸く太った倉沢のアジは季節を問わずあるが、最もおいしいとされる800gほどのサイズは3年に1本あるかないか。この、いつ揚がるかわからない幻を待つ予約客が、銀太には60人以上いるという。

春が旬のイトヨリダイ、秋のモミジダイ、冬のヒラメ、深海に棲むコセ…。由比の地魚を極上の味にすることに情熱を注ぐ店のメニューに、マグロはない。

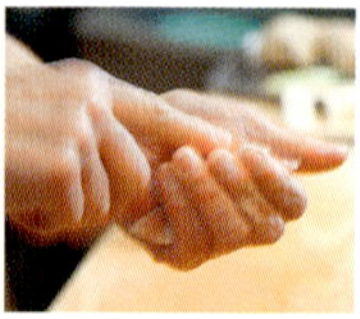

すし処 銀太《ぎんた》

静岡市清水区由比今宿165
T 054・375・5000
営 11:00～19:00　休 火曜（祝日営業）　席 カウンター8席、座敷12席　P あり

【お薦め】
- ●地魚にぎり（8貫）1800円
- ●由比倉沢の幻の一品鯵にぎり2800円
- ●桜えびフルコース3000円

【予算】
昼・夜2000～5000円

（上）抹茶塩で食べる「桜海老かき揚」（4枚）1200円
（下）深海に棲むハダカイワシを軽く干して焼いた「ハダカイワシ塩焼き」800円

由比倉沢の幻の一品「鯵にぎり」1人前8貫

糸《いと》撚《より》鯛《だい》

塩昆布・塩で食べる。口中に旨味が広がる（春先）。「地魚にぎり」より

鮃《ひらめ》の昆布〆

醤油をつけずにそのまま食べるのが店主のお薦め（旬は冬）。「地魚にぎり」より

太《た》刀《ち》魚《うお》

もみじおろしとポン酢で食べるのが銀太流（通年）。「地魚にぎり」より

倉沢の鯵《あじ》

由比倉沢のブランド魚。多くの客がコレを目当てにやってくる（通年）。「地魚にぎり」より

真《ま》鯛《だい》

シンプルに塩で食べる。タイの下にうろこが入っている（秋）。「地魚にぎり」より

こせ

深海に棲むキンメダイの一種。身が締まっていて、さっぱりしている（冬）。「地魚にぎり」より

マグロの名店で、極上トロの競演を楽しむ

「マグロの末廣」。今や全国にその名を知られる名店がここだ。客の7割が県外客で、そのほとんどが馴染客。目当ては「南マグロ」だ。年間最低でも60本は使うという南マグロ。独自のルートで仕入れ、ケープタウン沖で揚がり次第、1本買いならぬ40～50本をまとめて先取り買い。親方の眼鏡にかなった極上のマグロを手に入れることができるのだという。これはもう、県外客ばかりに食べられてしまうのは…。この道56年の親方・望月榮次さんの自信作「マグロ5種」をぜひ味わってほしい。カマに近い部位の大トロ「霜降り」。大トロの筋の部分「腹」、「中トロ」、「背トロ」、筋と筋の間をていねいにはがした「はがし」。脂の入り具合や濃厚さなど、ここでしか味わえないマグロの食べ比べ、極上トロの競演だ。シャリは粘りすぎず、パラパラすぎず、ほど良いしっとり感を目指した宮城のササニシキと、茨城のコシヒカリのオリジナルブレンド。山葵は、有東木産。マグロにはやや多めの山葵が使われていて、すこぶる相性がいい。マグロのほかにも御前崎のカツオ、駿河湾のシラス、カンパチ、シマアジ、スズキ、由比のアジ、江戸前のアナゴ、三河湾の天然車エビなど、常時20～30種のネタが揃っている。

末廣鮨《すえひろずし》

清水に店を構え46年、この道56年の親方・望月榮次さん

静岡市清水区江尻東2-5-28
T054・366・6083
営11:30～22:00　休水曜、月1回連休あり　席カウンター11席、テーブル4席、個室7室　P20台

【お薦め】
●はまかぜ（ランチタイム）5300円
●特上にぎり5600円
●夜のコース8400～10500円

【予算】
昼5300～8000円、夜15000～25000円

酒のアテに人気の「ヒラメの薄塩」1575円。白身を塩とスダチで食べる

左上から時計回りに「中トロ」、品のいい脂が特色の「背トロ」、きめ細かい舌触りの「はがし」、「腹」、とろける「霜降り」各1貫1050円(通年)

にぎり8貫と海苔巻1本の
「中上にぎり」3400円

御前崎産「カツオ」1貫315円
(3～9月)

駿河湾産の「アジ」1貫315円
(通年)

鮨屋の手仕事 ❷

【末廣鮨】

玉子焼き

tamagoyaki

にぎりやつまみに、ファンが多い鮨屋の玉子焼き。味も、姿かたちも店によって違うところも楽しい。では、さっそく、熟練の技で焼き上げてもらおう。

❶末廣鮨で使用している卵は、富士川たまご牧場で生産されている有精卵。味、鮮度はもちろんのこと、溶けばすぐわかるコシの強さが特色だという。

❷ざるで漉し、黄身にサラダオイルを混ぜた「玉子の元」を加える。

❸カツオだし、砂糖、塩を加えて、玉子ダネは完成。

❹玉子焼き器に薄く玉子ダネをひき、巻きよせ、また薄くひき…これを6回繰り返す。

❺中火で空気を入れながらふっくら焼き上げる。

❻巻すで巻くこと2～3分。この間に味がしみ込む。

❼1日15本ほど焼く「だし巻き」は、店で食べるのはもちろん、テイクアウト専門店「いなりやNOZOMI」で、1本840円で購入できる（要問合せ）。

❽末廣鮨では、だし巻きのほかにも、すり身入りの玉子焼き（上）、錦糸玉子も毎日焼いている。

カウンター9席だけの贅沢

創業昭和31年の老舗が2012年2月、ホテル1階にリニューアルオープン。落ち着いた、カウンターだけの大人の店に生まれ変わった。鮨を握るのは、2代目店主・渡邉静男さん、仕入れは築地市場でマグロを売り買いしてきた長男・和雄さんが担当。ネタは、3つの木枠のケースに収められ客前に、その隣には、シャリの入った小さなお櫃。真新しい白木のカウンターの端から端まで続く付け台は、黒一色と、なんとも粋に設えられている。

　ネタは、地元だけにこだわらず、全国からその時々の旬のネタを仕入れるのが流儀で、この日のネタケースには、北海道、三河湾、焼津など、各地のネタがいろいろ。そして目玉は、和雄さんの目利きが光る築地から直接仕入れる最上級の「メバチマグロ」だ。脂に甘味があり、食べ飽きることのない旨味が特色だと言う。なかでもきめの細かい中トロの血合い下は、和雄さんいち押し。出合えればラッキーの希少部位だ。

　お通し、刺身、焼物と、にぎり10貫の「おつまみと握り鮨のコース」は、夜にピッタリのメニューで、ワインや日本酒、焼酎とともにぜひ。酸味、甘さを控えた自家製のガリもつまみになると評判だ。

美代司鮨《みよしずし》

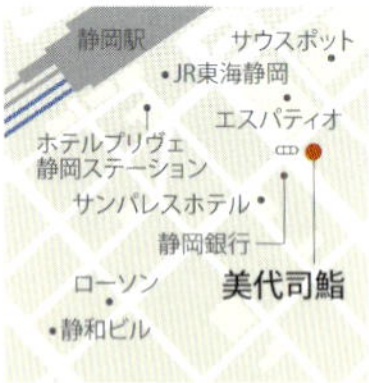

静岡市駿河区南町13-21
静鉄ホテルプレジオ駅南1F
T054-289-7877
営11:30〜13:30、17:00〜22:00　休日曜　席カウンター9席　Pなし

【お薦め】
●昼のおまかせコース3150円
●おつまみと握り鮨のコース6300円
●一夜干し735円

【予算】
昼3150〜4200円、夜6300〜8400円

(右上・下)バチマグロの中トロ、赤身が入った刺身「おつまみと握りのコース」より
(右下)奥行きをゆったり取ったカウンターに、ピッタリの高さの椅子。長居したくなる設えだ
(上)イカのウニ和え、コチの卵煮、煮アワビ「おつまみと握りのコース」より

連《れん》子《こ》鯛《だい》

やさしい酢締めの1貫。上品な味わいでファンが多い。焼津産。1貫525円（通年）

鉢《ばち》鮪《まぐろ》中トロ

築地直送、イチオシの中トロ血合い下は、上品な脂が特色。1貫840円（通年）

鱚《きす》の昆布〆

駿河湾産のキスを一晩昆布で締めたもの。ほんのり昆布が香る。1貫315円（春～秋）

新物イクラ

北海道産イクラを塩イクラにしたもの。新物だけに粒がやわらかい。1貫315円（秋～冬）

穴《あな》子《ご》

三河湾産を使用。イカを煮た汁を煮詰め穴子のツメにしている。1貫420円（通年）

あら

幻の魚と言われるが、たまに焼津に揚がる。身がしっかりしていて脂がのっている。1貫420円（通

Barのような隠れ家で美しい鮨に出合う

街中のビル4階の白を基調とした店内は、大理石のカウンターが10席のみ。曲線を多用したその空間は、まるで大人のためのしっとりしたBarのよう。ネタケースと水槽がなければ、鮨店とは思えないほどだ。

「一人で握っているから、目が届くカウンター席のみにしたんですよ」と店主の吉水守さん。吉水さんがカウンターの中に入ると、一気に鮨店らしくなるのはさすがだ。

横に置かれたシャリが入った昔ながらの容器は、脱穀後の藁で手編みされた「藁びつ」。酢を回しかけたシャリを入れて、食べておいしい、程よい人肌に保温するのに、欠かせない道具だという。

「形はかっこいい方がいい。酸味の効いてない鮨はおいしくない」と語る通り、吉水さんの握る鮨は、シャリがすっと細く、スタイリッシュ。酢は、酸味が強い赤酢を使っている。

営業は夜のみ。初めて来店するなら、「特選おまかせ握り」5300円からがお薦めだ。トロ・車エビ・アナゴなど、その日の特選ネタ7貫に、お好みのネタ1つを選ぶことができる。飲みたい人には、「肴とおまかせ寿司のコース」(8400円から)をお薦めしたい。杯が進むことだろう。

カウンター席のみ。響く音楽はR&B

鮨 よし水《よしみず》

静岡市葵区昭和町4-8
瑠漫館4F
T 054・253・3889
営 17:30～24:00 ※金・土曜～2:00、日曜～22:00
休 木曜、祝日の月曜　席 カウンター10席　P なし

【お薦め】
●おまかせ握り5300円～
●肴とおまかせ寿司
8400円、10500円、12600円、14700円

【予算】
夜10000円～

店主の吉水守さん

上段左から「マグロ赤身の漬け」1貫500円（通年）。「クチミダイ」時価（夏）は上品な味わいが特徴。「カツオ」1貫300円~は春はあっさりと、秋は脂がのる。これぞ江戸前寿司！「シンコ」時価（初夏~夏）。中段「車エビ」1貫2000円（通年）は活車エビ使用。「玉子焼き」1貫200円。下段「アナゴ」柚子塩・タレ1貫各500円

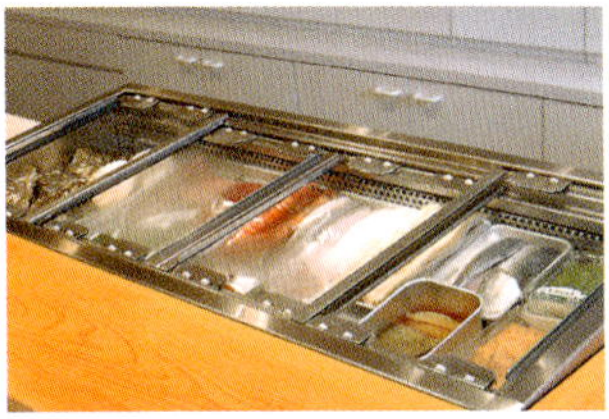

「アワビの磯焼き」2500円。プリプリのアワビの上に、利尻昆布をたっぷり。さらにバターと醤油をかけて、オーブンでじっくり焼き上げる

店内に置かれた水槽には車エビが泳ぐ

静岡市内指折りの老舗で、駿河湾の魚を楽しむ

創業120余年。その歴史は時代を越えて愛されてきた証。付け場には、この道51年の4代目・大塩正一さんと、息子の5代目・敦之さんが立つ。客の目当ては、焼津・小川港に揚がる定置網の魚、春は桜ダイ、サヨリ、夏はスズキの幼魚フッコ、コチ、アジ、キス、秋はサバやヒラメ、冬は、カワハギ、アラ、ハタ、ホウボウ…。「種類豊富な駿河湾の四季折々の魚を食べてもらいたい」というのが、店主の思いだ。シャリは、長野・八重原のコシヒカリと岐阜のハツシモのブレンド、山葵は有東木の契約農家の本山葵、水は敷地内の井戸から汲み上げる南アルプスの伏流水。すべては客の笑顔のためにある。

　酒と肴を少々という向きには、伊勢湾のアナゴの白焼き、マグロのほほ肉の照り焼き、三つ葉入りの玉子焼き、自家製イカの塩辛などがお薦めだ。初亀、臥竜梅、喜久酔、志太泉といった地元蔵元の純米酒、純米吟醸酒とともに味わうのもいい。店の2階で年6回開かれる、落語家を招いての「寿し鐵寄席」も好評だ。

　さて、カウンターに座ったら、シャリを入れたお櫃に注目。保温のために工夫された藁で作った「いずみ」で覆われている。職人の知恵だ。

寿司割烹
八千代寿し鐵《やちよすしてつ》

大塩正一さん（右）と敦之さん（左）

静岡市葵区八千代町63-4
T 054・255・5511
営 11：00～14：00、16：00～22：00　休 水曜　席 カウンター12席、テーブル4席、座敷8席、個室3室（～30人）
P 10台

【お薦め】
- ●鮪づくしにぎり4410円
- ●おまかせ寿しコース6300円
- ●特選にぎり会席6300円

【予算】
昼1000～3000円、夜3000～10000円

肴には新鮮なイカを使った「無添加自家製いかの塩辛」420円を。お土産用もある

「駿河のにぎり」2100円。上段左からマグロ赤身、生シラス、中段左からヒラメ、キンメダイ、ハモ、赤イカ、下段左からアジ、炙りカマス、炙りタチウオ、コハダ。内容は季節、仕入れによって替わる。椀、デザート付

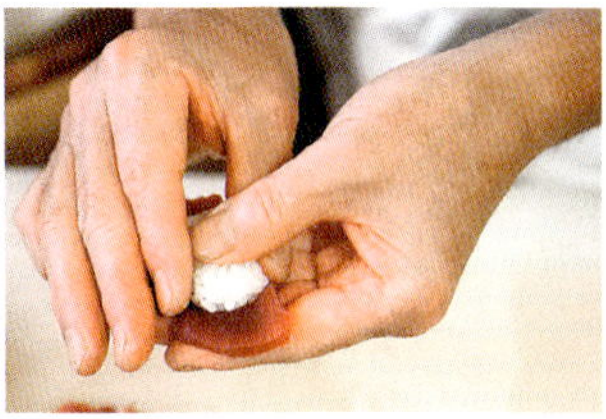

シャリの入ったお櫃と、お櫃を入れる保温用「いずみ」

毎回大盛況の「寿し鐵寄席」。木戸銭は、鮨の食事、飲み物が付いて8000円。席に限りがあるので早めの予約を

酒と肴と、にぎり鮨で完結する贅沢時間

繁華街からほんの少し外れた場所にある、隠れ家とでもいえそうな鮨店。カウンターと小上がりだけのこぢんまりとした佇まいは、落ち着いて鮨と酒を楽しむのにちょうどいい。

店主・田辺栄一さんは、東京の名店「寿し屋の市勘」で修業を積んだ。この道27年の江戸前の技に、独自のアイデアをプラスした、ひと手間加えた鮨で、客をもてなす。赤身の柵漬けは昔からの江戸前鮨の技で、切り身の漬けとは違う身のしまった感が、クセになる。白身の「昆布〆」は利尻昆布に挟んで1日、その香りと旨味にファンが多い。真ダイの昆布醤油漬けは、柚子で食べるにぎりはもちろんのこと、軽く炙って酒のアテとしても美味。鮮度のいいネタを生かすためにするひと手間が「おいしい」を作りだすのだ。

さて、ここでは鮨の前にまずは一献。煮アワビ、イワシの風干し、ヒラメの昆布〆、タコのやわらか煮などをアテに、人気の「立山」をキュッといくのもいい。「おまかせ」で肴8品と、にぎり10貫で8000円からというのもお薦めだ。

ランチタイムはにぎりが800円からあり、カウンターで1貫ずつ握ってもらえるので、贅沢気分も味わえる。「ばらちらし」1500円も人気だ。

「マダイの昆布醤油漬けの炙り」と、「イワシの風干しの炙り」(おまかせコースより)

すし処 氣市《きいち》

静岡市葵区川辺町2-2-3
T054・221・7730
営11:30〜13:30、17:00〜翌1:00※日曜、祝日16:00〜22:00 休木曜 席カウンター9席、掘りごたつ席8席 P9台

【お薦め】
●おまかせコース予算に応じて
●ヒラメの柚子塩にぎり1貫315円
●煮ハマグリにぎり1貫840円

【予算】
昼800〜3000円、夜6000〜15000円

ネタは地物ばかりでなく、全国から。常時40〜50種揃う。シャリが小ぶりなので、いろいろな種類が楽しめる

〆鯖《さば》バッテラ風

浅目の酢締めで、バッテラ風に白板昆布をのせているのが特色。1貫420円（通年）

小《こ》肌《はだ》

夏のシンコ、秋冬のコハダ、コノシロと、出世魚ならではの違いが楽しめる。1貫315円（通年）

鮃《ひらめ》の昆布〆

ヒラメを利尻昆布に挟んで1日置いたもの。煮切り醤油を一塗りして提供される。1貫420円（通年）

鮪《まぐろ》赤身の柵漬け

柵のまま醤油ダレに漬けこむ昔ながらの江戸前の技が光る。1貫315円（通年）

芽ネギと鯛《たい》のわたの塩辛

タイの内蔵でつくられるやや甘めの塩辛を芽ネギといっしょに。1貫315円（通年）

真《ま》鯛《だい》の昆布醤油漬け

マダイを特製の昆布醤油ダレに漬けたもの。上にのせた柚子がアクセントに。1貫315円（通年）

まずは一度味わいたい、渾身のかんぴょう巻

付け台に鮨を置くたびに飛び出す、満面笑みの親方・佐野博之さんの食べ方指南。「白身や貝はこっちの醤油で食べてね」。「タチの漬けの炙りはもう味が付いているからそのままで」。「あん肝はね、塩をのせてあるからね」。「大トロは、上にのった山葵を舌にのせるようにして、20回噛んでみてよ」…。

客の食べる顔を楽しそうにうかがう親方は、「ねっ、おいしいでしょ」と言わんばかりの面持ちで、やがて客の顔にも笑みがこぼれる。鮨を知りつくした職人が、これはという最上の食べ方で提供してくれるのだから、旨くないわけがない。そしてこのカウンターを挟んだ掛け合いがなんともいい。これぞ、郊外にありながら多くの常連客を持つゆえんだ。

さて、この店に行ったならまずは「かんぴょう巻」を。契約農家のかんぴょうでつくるそれは、きっちり味が入っているにもかかわらず、歯応えがあり、なにより、その存在感に、誰もが驚く。「鮨屋の基本はコハダ、サバ、かんぴょう」とは親方の弁。ここはぜひコハダ、サバの締めたものを。あとはホワイトボードに記されている今日のお薦めから。予算を告げておまかせというのも、親方なら楽しませてくれそうだ。

寿し乃 む佐志《むさし》

山葵は親方がこれぞとほれ込んだ香り、辛さ、甘さのバランスがいい有東木産を使用

静岡市葵区井宮町76-1
[T]054・273・6345
[営]17：00～23：00 ※昼は予約のみ（前日までに）　[休]月曜　[席]カウンター8席、個室3室（～16人）　[P]8台

【お薦め】
- ●おまかせにぎり5250円～
- ●上にぎり1575円
- ●宴会コース3150円～

【予算】
夜5000～12000円

左上から時計回りに、編込みが美しい「コハダ」1貫210円(冬~春)、戸田の塩で食べる「あん肝」1貫420円(秋~冬)、梅肉で食べる「コチ」1貫315円(夏)、「タチウオの漬け炙り」1貫262円(通年)、山葵がたっぷりのった「本マグロトロ」1貫420~525円(通年)、「タイラガイの炙り」1貫315円

焼シイタケをネタにした名物
「椎茸にぎり」1貫262円

和牛を炙ってネタにした
「牛肉にぎり」1貫630円

醤油、砂糖の煮汁がしっかり煮含められているのに、不思議なことに柔らか過ぎない「かんぴょう巻」1本315円

3代続く名店の目利きを味わう

駿河湾の地魚はもちろん、3代目親方・服部景一さんが全国の市場をめぐり目利きした、三河湾、瀬戸内、北海道産の魚介など常時40種ほどのネタが並ぶ。なかでも目を引くのは南マグロだ。この脂がのって甘味がある絶品を求めて多くの客がやってくる。しかし、必ずあるとは限らない。店の看板ネタだからこそ、いいものがなければ仕入れない。その姿勢がまた信頼へとつながる(そんな時は本マグロ、バチマグロが用意されているので安心を)。さらに、「メサバ」として提供される、明石の市場で服部さんがほれ込んだ、瀬戸内産の脂の旨い真サバ。三河湾のアナゴ、天然物の車エビ。いずれもこの店に出かけたならぜひ食したい逸品だ。

シャリはコシヒカリを基本に時期にあわせてブレンドを変え、合わせ酢には、赤酢と数種類の酢を使用。塩は旨味が違う伊豆大島の天日干し、山葵は伊豆か有東木の本山葵と、おいしさを求めた末の選択だ。

一昨年リニューアルした店内は、高級感が漂い、居心地もいい。席から見える位置にさりげなく、「サラダ200円、赤身350円、サバ350円…」と値段が記されている心遣いもうれしい。

暖簾を掲げ50年、今では評判を聞き東京から訪れる客も多い

寿司処 昇利《しょうり》

焼津市本町2-9-15
T 054・627・7388
営 11:30〜24:00　休 火曜
席 カウンター9席、テーブル6席、個室3室(〜28人)
P 昼3台、夜10台

【お薦め】
●寿司会席コース5250円〜
●おまかせ寿司3675円
●太刀魚塩焼き1575円

【予算】
昼1300〜2650円、夜4000〜8000円

人気の青海苔入り「玉子焼き」は土産にもできる。1本1050円

左上から「本マグロ大トロ」蛇腹と言われる腹部分は1貫1575円。「湯葉」は、御殿場から取り寄せたものを塩で1貫315円。中段左から瀬戸内産の真サバを生に近い「メサバ」に、1貫365円。三河湾産「アナゴ」は塩かツメで、1貫367円。下は「車エビのおどり」1貫1500円~(時価)。いずれも通年

鮨屋の特等席は、やはりカウンター。ネタケースを前にしただけで心が躍る。秋から冬にかけてはサバや赤ムツ、キンメダイ、春にはタイや貝類、夏はタチウオ、アジ、ハモなどが旬を迎える

腹の大トロを贅沢に使った「ねぎトロ巻」1本1575円

玉子焼き図鑑

にぎりよし、つまみよし、ちょっと箸休めにもちょうどいい「玉子焼き」。これを嫌いという人にはまずお目にかかったことがない。鮨職人がつくるそれは、姿かたちはもちろん、中に入る具材も、味もいろいろだ。

日本料理 寿し半 藍路（P72）

浜松市内の養鶏所から仕入れた新鮮卵に、千寿酒造と共同開発したみりん、コクが際立つ黒糖など厳選素材を使った厚焼き。やさしい甘さが口いっぱいに広がる、万人に愛される1貫だ。2貫210円。

千代田吉野鮨（P54）

日本海で獲れたズワイガニと三つ葉を巻き込んだ贅沢な一品。カニの甘みが玉子の甘さとよく合う。酒のアテにもいい。1貫210円。

沖之寿司（P74）

焼き印付きの玉子焼きは、砂糖の入った甘めの物と、三つ葉やネギ、時にはシラスが入る出し巻きの2種類がある。くらかけ用の江戸前風厚焼き玉子もあるので、食べ比べてみるのもお薦め。1貫105円。

すし處　氣市（P42）

だしのきいた、甘さ控えめのだし巻き玉子は、酒との相性もいい。にぎりは海苔を巻いたスタイルで提供。屋号の焼き印が黄色に映えて美しい。1貫210円。

魚中（P57）

しっとり玉子焼きの間にキュッとシャリが挟まれたキュートな形が特徴。頼みやすい価格もうれしい。2貫210円。

お寿し屋　なるかわ（P55）

ほっとするやさしい甘さのだし巻き玉子に「なるかわ」の焼き印がアクセント。老若男女を問わず幅広い層に人気。1貫105円。

すしと板前料理 篤（P56）

強火で薄く何枚かに分けて焼き上げている。つなぎにサラダ油と卵黄だけを混ぜたマヨネーズ状のものを使っているから、ふわふわの食感。だしを含んだジューシーな甘口仕上げで人気。1貫105円。

寿司割烹
八千代寿し鐵（P40）（右）

三つ葉入りのやや甘めのだし巻き玉子は、目にも爽やか。卵は味の濃さとしっかりとした黄身が特色の知る人ぞ知る卵生産者から特別に仕入れている。1貫210円。

寿司処　昇利（P46）（左）

磯の香りがおいしさを増す青海苔入りのだし巻き。だしを多めに入れて、やわらかな食感に仕上げている。1貫157円。土産利用も多く、1本1000円で販売している。

駿河湾、三河湾の幸に特別本醸造「松乃寿司」を

修業時代から数えておよそ60年。まっすぐに鮨道を歩んできた親方・齋田清さんが焼津の地に「松乃寿司」の暖簾を掲げたのは昭和39年のことだ。奥さんと2人で切り盛りするカウンターだけの小さな店から始まり、現在は重厚な一枚板のカウンターに遠方からの客が並ぶ有名店に。そして、親方の隣には、父の仕事を見て育った2代目・成広さんが立つ。付け場で繰り広げられる親子鮨職人の共演は、なんとも心地いい。

ネタケースに並ぶ魚介は常時30種ほど。駿河湾からはヒラメ、タチウオ、カンパチ、甘ダイ、赤ムツ、キンメダイ…。三河湾からはタイラガイ、アカガイ、トリガイ、アオヤギ、車エビ、アナゴ…。白身が多いのも特色で、サバ、コハダ、レンコダイなど魚種に合わせて加減を変えた締め物の人気も高い。シャリはコシヒカリとササニシキのオリジナルブレンド、海苔は佐賀有明産、醤油にももちろん仕事が施されている。

さて、この店ではぜひ、地酒を味わってほしい。焼津の酒蔵「磯自慢酒造」に毎年ひとタンク特注している特別本醸造「松乃寿司」。店の鮨に合わせて作られたオリジナルだ。

そして土産には人気の「サバの押し寿司」を。

松乃寿司《まつのずし》

焼津市本町4-6-3
T054・627・6666
営11：00～14：00、17：00～21：00　休水曜　席カウンター10席、座敷12席、個室2室（～12人）　P15台

【お薦め】
●煮アワビにぎり1貫630円（通年）
●アマダイにぎり1貫420円（通年）
●レンコダイにぎり1貫420円（通年）

【予算】
昼・夜3000～5000円

「サバの押し寿司」1260円（7個）。一晩置いて味が入った締めサバと白根昆布、シャリとのバランスが絶妙だ

三河湾の幸。上段左から「アナゴ」、「アカガイ」、「トリガイ」、「車エビ」下段左から「シャコ」、「アオヤギ」、「タイラガイ」1貫262～525円（アカガイ、アナゴ、車エビは通年。それ以外は4～6月が時期）

「おまかせにぎり」3150円。左上から玉子焼き、アカガイ、赤ムツ、中段左から中トロ、大トロ、赤身、タチウオ、下段左からレンコダイ、車エビ、アジ(いずれも通年あるが、タチウオは脂ののった冬、アジは夏場が良いとされる)

30年以上前に誕生した名物「てっぽう」630~840円。焼津・小川の定置網に入るジンドウイカの中には中トロ、ネギ、もみ海苔、シソ、シャリを混ぜたものが詰められている

親方・齋田清さん(右)と、2代目・成広さん(左)

漁師も舌鼓。焼津ならではのカツオ三昧

勇喜寿司《ゆうきずし》 焼津本店

県内のみならず全国的にも魚介類水揚げのメッカと言える焼津港。徳川初期からの古い歴史を持つ港がある焼津で、漁師や仲買人など、地元の魚の目利きが足しげく通うのが、「勇喜寿司焼津本店」だ。相手はいわば、魚のプロ。「鮮度の悪いカツオなんて、絶対に出せない」と話すのは、２代目店主・中野一さん。鮮度に自信があるのはもちろんのこと、他店では食べられない珍しい部位の鮨を揃えている。

脂がのった「ハラモ」は、１本のカツオからほんのわずかしか取れない部位。皮が堅いため、飾り包丁を細かく入れて握る。コリコリとした歯ごたえと、脂の旨味が濃厚な味わい。塩焼き６００円で食べるのが一般的だが、鮨は「若いころに親父が、漁師さんから教わった食べ方じゃないかな」と言うように、店オリジナルの一品だ。

つややかで見るからに新鮮な「カツオのヘソ」の鮨は、これまた１本に一つの貴重な心臓。味噌煮にすることが多い部位だが、刺身で食べる場合は、冷凍のカツオは使用できない。翌日には色も変わってしまうため、近海モノが揚がった当日にしか出合えない。もちろんその他のネタもすべて厳しい選択眼によって選び抜かれたモノばかりだ。

店主の中野一さん

焼津市西小川2-5-16
T 054・627・3739
営 17:00〜22:00※昼は前日までの予約のみ営業
休 月曜、第2・3火曜　席 カウンター10席、テーブル36席、個室3室(〜24名)　P 12台

【お薦め】
●おまかせ握り(上)3150円
●カツオのハラモ 2貫420円
●南マグロ中トロ 2貫1680円〜

【予算】
昼・夜3150円〜

目にも美しい脂ののった「タチウオのハラモ」は食感もぷりぷり。2貫840円(夏〜初秋)

「おまかせにぎり 上」3150円。カツオやマグロのほか、竹炭塩でいただく赤イカや、昆布塩ヒラメ、駿河湾の生シラス、ボタンエビ、岩塩のキンメダイなど、地魚中心に贅沢な10貫が味わえる

「カツオのハラモ」。傷みが早く、生で食べられるのは当日だけ。数量限定で清水店でも食べられる。2貫420円(春・秋)

カツオの心臓「ヘソ」

「カツオのヘソ」。扇形に切って血を完全に抜いてあるため、全く臭みなし。歯ごたえとあっさりした風味が特徴。2貫210円(春・秋)

特製タレをからめたヤリイカのゲソとかんぴょうを混ぜ込んだ鮨飯にエビ、錦糸卵、おぼろ、好みのネタをのせた「特選五目ちらし寿司」1人前3500円～

熟練した職人が生み出す本物の味

昭和47年に開店して今年で40年。親方・大塩一義さんは、小学校6年生の時から学校が休みの時に仕出し屋に通って魚さばきを覚え、高校に通いながら葵区伝馬町の吉野鮨本店で修業。23歳で独立したと言う。

カウンター前のケースに常時80種ほどのネタが並ぶ。秋から冬にかけては大間のマグロ、貴重な若白鮭・鮭児（けいじ）など、静岡ではなかなかお目にかかれないネタも入荷する。あれこれ悩むより、おまかせで握ってもらうのが一番だろう。和食の修業を積んだ板前もいて、宴会・コース料理の評価も高い。またJR静岡駅のキヨスクには毎日「鯵押寿し」「鯖押寿し」「いなり寿し」を納入。車中でも手軽に千代田吉野鮨の味を楽しむことができる。

千代田吉野鮨《ちよだよしのずし》

（右上）人気の「変わり寿司セット」1780円。ヤマイモとおかかの「山とろ」、ズワイガニの「カニサラ」、イカと梅の「白梅」、「イカいんろう」など

宴会・法事など団体は50人までOK。「特選寿司コース」5250円

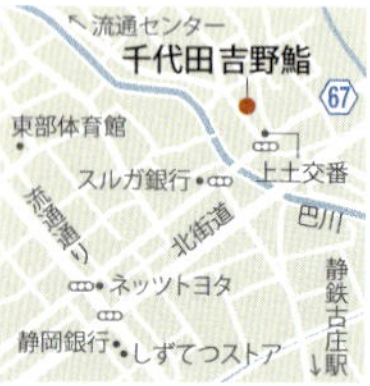

静岡市葵区川合2-1-17
T 054・261・9830
営 11:00～14:00、17:00～22:00 ※日曜、祝日16:30～21:30　休 月曜（祝日営業、翌日休み）　席 カウンター17席、テーブル12席、座敷50席、個室3室　P 30台

【お薦め】
●親方おまかせ3670円
●大名弁当2620円
●変わりすし1780円

【予算】
昼1050～4000円、夜5000～8000円

旬の魚と楽しい会話
和める雰囲気が居心地いい

左から宮城県の「本マグロ」1貫840円、三保の「マダイ」1貫315円、松輪の「メサバ」1貫315円～、東京湾の「煮ハマグリ」1貫525円～、東京湾の「コハダ」1貫315円～（入荷状況による）

親方の生川（なるかわ）広樹さんに「珍しい名字ですね」と尋ねると、出身は三重県だという。学生時代に葵区常磐町の「すしやの市」でアルバイトをしたのがきっかけでこの道に入り、８年前に伝馬町で開店。２年前に現在の場所に移転した。

いい魚を仕入れようと日々心を砕きつつも「こだわりを前面に出すつもりはない」とさらり。「元々鮨は江戸時代に昼食の時間が取れない職人が仕事の合間に１、２個さっとつまみ、銭湯帰りの庶民が小腹を満たしたファストフード。もっと気楽に楽しんでほしい」。

常連客にも新顔にもカウンター越しにざっくばらんに話しかけ、リラックスした雰囲気で和ませてくれる。８４０円からとお値打ちなランチも好評だ。

江戸前の「アナゴ」はツメと柚子塩の2種類。しめてすぐに炊くからふわふわの食感が楽しめる。1貫630円

2貫分ずつ入ってお得な「ウニといくらのミニ丼」1200円

お寿し屋
なるかわ

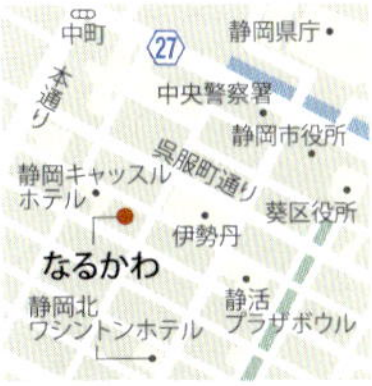

静岡市葵区両替町1-5-2
T 054・221・1689
営 11：30～13：30、17：00～23：00（22：30LO）　休 月曜
席 カウンター10席、テーブル8席、掘りごたつ6席、座敷20席、個室2室　P なし

【お薦め】
- ●特上（にぎり、ちらし）2730円
- ●〆鯖1貫300円
- ●特製煮タコ600円

【予算】
昼840～3150円、夜6000～8000円

上等なネタが揃う郊外の穴場店

すしと板前料理　篤《あつ》

静岡市駿河区小鹿1-4-19
Ｔ054・285・4010
営11：30〜13：30（平日の予約のみ）、17：00〜22：30
休月曜　席カウンター8席、座敷8席、個室2室（〜30名）
Ｐ4台

【お薦め】
●おまかせコース
7000円、10000円、15000円
●キンキ煮付け　時価

【予算】
昼2000〜3000円、夜10000円前後

最高級のネタを、惜しげもなく揃えてきたため、今では市場に入ったとびきりの素材が届くという

繁華街からは遠い郊外に開店して8年。それでもわざわざ客が足を運ぶ。「とにかく素材で勝負する」と開店時から決めていたという店主・望月篤さん。例えばウニ。北海道産の生ウニを厳選し、上物のみを扱う「カネ作」の特級品だけを使う。「海苔も、醤油もなしで味わえる」と、数多くのウニ嫌いを克服させてきた逸品だ。鮭は、1万匹に1匹と言われる稀少な幻の魚「鮭児」を。臭みがなく上品で香り高い脂の味は、通常のサーモンとは全く異なる。さらにキンキや松葉ガニ、ドウマンガニなど堂々たる素材が揃っている。その分値段は張るが、「1万円で握って、って言われたら15000円分ぐらいふるまっちゃうよ」と店主。なるほど、わざわざでも出かけたくなる。

カネ作のウニ。大きさ、色つや、盛り方を見れば、上物なのは一目瞭然。ミョウバンの臭いも全くしない

左上から「松皮カレイの昆布〆」1貫840円。「鮭児」1貫1050~1575円。「車エビ」時価・1貫1000円前後は、三河一色町の天然物。「南マグロの漬け」1貫525円。「ウニ」1貫1050~1575円、写真は冬に旨味が増す白ウニ（キタムラサキウニ）。「煮ハマグリ」1貫1050円、ツメはアナゴの骨と頭を入れ何時間も煮詰めたもの

魚屋直営だから出合える
本物の鮮度と味

少し遠くから足を伸ばしたなら、いち押しは「おきまり握り特上」2300円。店主いわく「赤字覚悟」の高級ネタ揃い

創業45年の魚店として、地元客に愛されてきた魚中が平成元年にオープンした直営の鮨店。鮮魚・惣菜・鮨の3本柱で営業。2010年度には、「優良食品小売店等全国コンクール」で農林水産大臣賞を受賞している。

「本物の魚の味を知ってほしい」と語るのは、2代目・中川史昭さん。ネタの豊富さと鮮度は鮮魚店直営ならではで、奥の大きな生け簀には、タコやエビ、活魚で使いたいものが取り揃えられている。そして客にとって一番うれしいのは、リーズナブルに味わえること。ランチは鮨のセットが880円から、夜も1貫500円が上限で、「それ以上のものを握るときは、ひと声おかけするようにしています」と、安心の一言がうれしい。

(上)店主の中川史昭さん
(右)上から「南マグロトロ」1貫500円。「アマダイの昆布〆」1貫250円。「南マグロ中トロ」1貫500円。「ハモ」1貫250円(6~9月)。「アナゴ」1貫250円。ハモ以外は通年

魚中《うおなか》

島田市中央町24-17
Ｔ0547・37・6262
営11：30～13：30LO、17：30～21：00LO　休月曜、第3火曜　席カウンター10席、掘りごたつ16席、個室4室(～50名)　P25台

【お薦め】
●夜のコース料理3675円～
●魚中丼(ランチのみ)880円
●特上寿司2300円

【予算】
昼880～2300円、夜3675円～

ランチでお得に、そんな手もあります。

おいしいと評判だけれど、値段もなかなか…。
そんな時こそ、ランチがお薦め。
名店の味がぐっとお手頃、お得に味わえるとなれば
出かけない手はない！

1

にぎり＋かき揚げでプチ贅沢

【寿司ランチ】1300円

寿司処 昇利（P46）

赤身、エビ、アジ、イカ、玉子焼きにぎり（ネタは日によって異なる）と、かんぴょう巻1/2本に、桜エビのかき揚げ、茶碗蒸し、椀、デザートが付く。静岡や藤枝からもこのランチを目当てに客がやってくる。平日限定。

2

鮨・丼のランチが880円から!

【寿司定食 並ランチ】1050円

魚中（P57）

鮨に天ぷら、茶碗蒸し、デザートが付く平日限定のお得セット。上ランチ1470円は、カニしゅうまいも付く。「おきまり寿司」並880円～特上2300円や、マグロたっぷり「魚中丼」並880円、上1200円は、土・日曜、祝日もOK。

5 静岡素材の宝石箱ちらし

【静岡ちらし】1500円

沖之寿司（P74）

マグロ、桜エビ、締め物、お茶、山葵を使用するという5箇条をクリアした、静岡県鮨商生活衛生同業組合認定の静岡県の味覚が詰まったちらし。ランチには椀、茶碗蒸し、サラダ、ひと口アイスが付く。

3 マグロの切り身とすき身のW丼

【鉄火丼】750円

大山屋（P66）

大山屋の大人気ランチがコレ。マグロの切り身と、骨周りのすき身、両方がのった魅力の丼だ。吸物、料理1品、デザートまで付くのもうれしい限り。ちょっと贅沢をという時には「上ちらし丼」1600円もお薦め。

6 驚きのワンコイン鮨ランチ

【ランチ】500円

末広鮨（P75）

先代より30年ほど続くワンコイン鮨ランチは、日替わりのにぎり鮨+巻物+汁物で500円。少し多めの1.5人前750円もある。食べ終わったらテーブル上にコインを置いて帰る、末広スタイルでスマートに楽しもう。

4 贅を尽くした藍路流昼御膳

【特上（上）にぎり寿し御膳】3780円

日本料理 寿し半 藍路（P72）

天然の車エビやウニ、イクラといった豪華なネタを含めた7種類の鮨に、30品目の野菜を使ったサラダ、茶碗蒸し、椀、デザート付きの贅沢なセット。自家製塩キャラメルアイスなど、手作りデザートは大好評。

温かなシャリがほろりほどける江戸前鮨

東京・日本橋の老舗「ほうらい鮨」で修業し、掛川の地に「ほうらい」の暖簾を掲げて21年。伝統の江戸前鮨の技を見ることのできる希少な店だ。舞台はL字型のカウンター。その中央に立つのが、鮨職人・森島茂さんだ。軽快な話術を披露しながら、その手の中では、シャリが踊り、その美しい流れのなかでにぎりが生まれる。あっという間に目の前に置かれたその1貫を口に頬張り驚いた。温かいシャリと冷たいネタが口の中で出合い、ほどなくシャリがほどけていく。まさしくこれが、ほうらいのファンを魅了するシャリ。江戸前の技だ。アナゴは江戸前を仕入れて煮、握る直前に炙り、アナゴの煮汁を煮詰めた日本橋ほうらい伝統のツメを刷毛で一塗り。コハダは脂ののり具合や気温によって締め加減を変え、厚焼き玉子、マグロの漬けも人気が高い。

常時20種ほどが並ぶというネタは、御前崎、浜名湖を中心に東京湾や九州からも。長崎県阿久根市のアジは、森島さんがほれ込んだ極上物。天然物しか使わないことも、おいしさを求めるがゆえのこだわりだ。

春は貝、夏はアジ、アワビ、サヨリ、冬はブリ、あん肝、タラの白子(蒸してポン酢で)あたりがお薦めだ。

おんすしところ ほうらい

この道39年の森島茂さん

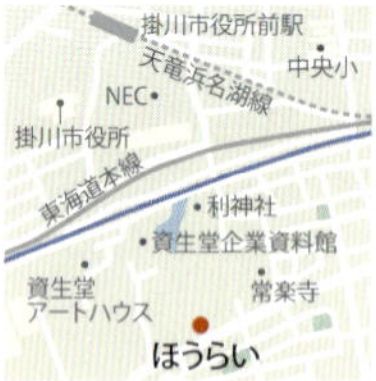

掛川市下俣南1-20-3
T 0537・23・8708
営 11:30～13:30、17:30～21:00　休 月曜(祝日営業)
席 カウンター11席、座敷16席　P 10台

【お薦め】
●特上にぎり2100円
●穴子にぎり2600円
●刺身(1人前)2600円

【予算】
昼・夜10000～15000円

カウンターの上の天井部分には、江戸時代の屋台鮨の屋根を模したひさしが。鮨の歴史話を聞くのも楽しい

車海老《えび》

浜名湖産の天然物にこだわり仕入れる。甘みも食感もいい。1貫700円（4～9月）

阿久根の鯵《あじ》

脂がのった長崎県阿久根のアジ。片身で1貫くらいのサイズがいいらしい。1貫300円（4～8月）

小《こ》肌《はだ》

親方の経験がその日のコハダの締め加減を決める。ていねいな仕事が光る。1貫300円（通年）

炙りの金目鯛《きんめだい》

御前崎産のキンメダイを軽く炙って提供。脂と香ばしさが絶妙。1貫400円（通年）

鮪《まぐろ》の漬け

マグロの中トロを漬けにし、多めの山葵で食す。ファンの多い一品。1貫400円（通年）

穴子《あなご》

その食感がクセになる。塩のほか、山葵と醤油、ツメでも食べることができる。1貫400円（通年）

「おまかせにぎり」3150円。醤油漬けのイクラ、エビと白身のすり身、だしの入った玉子焼きなど職人の技がそこかしこに光る

シャリ

syari

鮨屋の手仕事 3

にぎりの命ともいえる「シャリ」。
米のブレンド、水加減、炊き、
合わせ酢の配合、シャリ切り…。
鮨職人の技が最上の「シャリ」をつくりだす。

【おんすしところ ほうらい】

❶ほうらいのシャリはササニシキと硬質米（粘り気のある米）、新米と古米のブレンド。洗米から夏場は1時間半、冬場は2時間半水につけ、その間15分ごとに米を回し、空気を入れる。
❷ガス釜で火を調整しながら20分ほどで炊きあげ、15分蒸らし、20年使い込んだ飯切り台へ。
❸合わせ酢は、酢と塩のみ。砂糖を入れる店もあるが、ほうらいでは使わない。
❹温かいご飯に酢を合わせ、素早くシャリを切る。
❺扇風機の風を入れ、余分な酢を飛ばすと、シャリが一気につやつやと輝く。
❻酢を入れて3時間後くらいがちょうど酢が馴染んで最上のシャリとなる。午前と午後の2回、それぞれ開店時間に合わせ2升のシャリを準備する。
❼客を前に、いざ人肌のシャリを一にぎり。

センスの良さと江戸前の技、凛とした佇まいに感激

たか鮨《たかずし》

オープンしてわずか1年足らず。基本に忠実な江戸前の技と独自のセンスで話題を呼ぶ注目店だ。大将は、三重県の老舗「東京 大寿司」で14年間修業を積んだ鮨職人。「心と技で最高のおもてなし」をモットーに、鮨文化の継承を目指す。

地元をはじめ、東京・築地、名古屋・柳橋などの市場から仕入れた厳選素材を仕込み、そこに「たか鮨らしさ」をプラス。ゲストの好みや雰囲気、瞬間的なひらめきなどを合わせて、至高の一貫を握っていく。その味わいは深く、新しく、素材とシャリの繊細なマッチングの後に、ふんわり弾ける〝ひと手間の花火〟といった印象だ。

大将はこう語る。「地元の食材や季節の食材をいかにおいしく、鮮度良く提供できるか、こだわっています。鮮魚の目利き、鮨や割烹の基本技術、素材ひとつひとつに合わせた最適な味付けや調理法など、その時々で変化させることで、伝統とオリジナリティーが融合した、本当の〝旬の味覚〟に行き着くのです」。

若き大将が創造する、温故知新の鮨スタイル。モダンな空間と凛とした空気に寄り添いながら、極上の「うまい！」に出合ってみてほしい。※店内は全席禁煙。

浜松市南区高塚町2341-1
T 053・523・9271
営 11:30～14:00、17:00～21:30LO　休 月曜　席 カウンター6席、座敷10席、テーブル個室1室（4～5席）
P 4台

【お薦め】
- ●にぎり鮨「葵」3150円
- ●にぎり鮨「楓」2100円
- ●女性限定ランチコース2625円

【予算】
昼1890円～、夜2100円～

左上から「本マグロ大トロ」1貫1260円～、「白身」1貫420円～、「本マグロ赤味」1貫420円～、「生サンマ」1貫420円～（秋～冬）、「炙りハモ」1貫525円（秋～冬）、「三月大根の味噌漬け」1貫210円（春～夏）、「アナゴ」1貫630円（夏）。左下から「玉子焼き」、「富山白エビ」1貫420円（春～秋）、「松茸」時価（秋～冬）

鮨屋らしからぬモダンでスタイリッシュな空間は、女性客やカップルに人気。座敷やテーブル個室もある

仕入れは、地元はもちろん、東京・築地、名古屋・柳橋など全国の市場から

すり身は使わず卵とだしのみで洗練された甘みを演出。1貫210円。

元魚屋が営む鮮魚自慢の店。お得感のある丼も大人気

姫街道西側の一方通行沿いにある穴場的な店。鮨屋と聞くと敷居の高いイメージが先行するが、ここ「大山屋」はランチが750円からとあって、学生から年配者まで幅広い層が気軽に訪れている。「お腹いっぱい食べたい人にはご飯多めに、色々な種類を食べたい人にはシャリ少なめのにぎりを数多く…といった具合いに調節しています」と語る店主の児玉文只さんの心遣いに惹かれる人も多いようだ。もちろん鮨のおいしさにも定評があり、先々代までは魚屋だった目利きが選ぶネタと、それに合う味付けを施したシャリの相性は抜群だ。

さて、この店を語る上で欠かせないのが、13時頃には売り切れになることも多い750円の丼ランチだ。中でも締め物、イクラ、カニ、サーモン、自家製タコワサなど10種類もの具がのった「ちらし丼」と、マグロの切り身と骨周りのすき身が両方のった「鉄火丼」は人気のツートップ。この2品は夜メニューとしても登場する（価格は変わる）。手作り鮭フレークにイクラを合わせた「シャケイクラ親子丼」は、時々しか姿を見せないレア丼なので出合えたらラッキー。ランチの丼をどうしても食べたい人は予約を忘れずに。

大山屋《おおやまや》

人気のランチ「ちらし丼」750円。吸物、料理1品、デザートが付く（写真は大盛）

（上）カウンター席がメイン。ランチ時はこのカウンターがいっぱいになる
（下）「たくさん食べそうな学生さんが来ると、ついご飯多めにしちゃうよ」と話す店主

浜松市中区和地山2-35-17
Ⓣ053・471・6903
営11:00～13:30、17:00～22:00 ※ランチは予約が確実　休月曜　席カウンター10席、座敷8席　Ⓟ3台

【お薦め】
●鉄火丼 昼750円
●ちらし丼 昼750円
●シャケイクラ親子丼 昼750円

【予算】
昼750円～、夜3000円～
予算に合わせて

海苔巻きを詰めた「つめイカ」1本600円前後。新鮮な赤イカは、軽く湯通しすることで甘みが増し、食べやすい絶妙な肉質になるそう。皮目が表になった特徴的な「煮アナゴ」300円前後は、肉厚で味が染みていると評判

江戸前の粋を継承する、〝みうらスタイル〟が評判

ホワイトストリート近くの住宅街に店を構える、静かでゆったりとした雰囲気の鮨店。「笑いがあって、はじめて食事になるんだよ」と語る、大将・三浦正明さんは、昭和52年に東京・渋谷へ丁稚奉公に出向き、42歳になってようやく自分の店を構えた生粋の鮨職人だ。いまや名店と謳われる「みうら」だが、そんな大将の屈託のない人柄と鮨に対する真面目な姿勢、老若男女問わずスッと馴染む居心地の良さに、江戸前の〝粋〟を感じることができるだろう。現に、気さくな話術と気取らずに鮨が楽しめる空間に惹かれて、常連となる人も多い。

三浦さんの揺るぎない職人技は料理にも凝縮され、忠実な江戸前スタイルをベースにしながら、遊び心が盛り込まれている。口の中でふんわりとろける名物「煮アナゴ」や、常連客のアドバイスで生まれた「水ダコの炙り」などは、「みうら」でしか味わえない至極の一貫だ。左党には季節を感じさせる旬魚の「焼魚」や「揚物」(各1200円から)といった一品料理とともに、杯を傾けるのもお薦めだ。

冬を迎える頃には脂がのったサバのほか、寒ビラメやサヨリといった白身魚がおいしさを増すのでお楽しみに。予算に応じた宴会も受け付けている。

江戸前鮨の定番「くらかけ」スタイルの「玉子焼き」。だしのほのかな風味とともに重量感がある味。1貫200円

鮨処 みうら

浜松市中区佐鳴台3-35-5
Ⓣ053・448・3101
営 17:00〜22:00　休 水曜、第3火曜　席 カウンター10席、座敷16席　P 3台

【お薦め】
●おまかせ握り4000円〜
●焼魚1500円〜
●茶碗蒸し500円〜

【予算】
夜7000〜8000円

カウンター越しに展開される、愉快な会話と絶品料理を楽しみたい

左から醤油の香ばしさとエビの甘さが絶妙な「ボタンエビの炙り」400円~、赤味に飾り包丁を入れた「ヅケ」300~400円、「煮ホタテ」400円~

煮汁の気泡を利用して、30分かけて丁寧に煮付けた「アナゴ」。つかんだ瞬間わかるふわふわ感は、口に入れるととろける。1貫400円(旬は初夏)

店内奥には16人まで収容できる宴会座敷もある。コース料理や酒など、予算に合わせて相談にのってくれる

職人と差し向かいで手仕事が光る鮨を

　季節や仕入れ具合いによって日ごとに替わる40種類ものネタを、1貫ごと工夫を凝らした味でもてなしてくれる「鮨泉水」。店主・月花真徳さんがシャリとネタのバランス・温度を考え、鮨を握り、店仕込みの煮切り醤油をサッとひと塗り。ネタによっては岩塩がのせられることもある。

　シャリには熟成されてコクと甘みを増した赤酢を2種類ブレンドして使用。マグロは専用の漬け汁に8~9時間漬けてコクを引き出し、白身は昆布締めにして旨味をプラスするなど、ひと仕事加えて、より高みの味を追求している。さらに、客一人一人の食べるスピードや、締め物や炙り物など風味や温度が異なる物をどの順番で出せば一番おいしく味わえるかまでも計算してもてなしてくれる。そんなこだわりが凝縮した鮨を、できたての状態で口に運べる醍醐味は、上質なエンターテインメントといっても過言ではない。ランチでもこのスタイルは変わらないので、優雅な昼食を堪能したい時には特にお薦めだ。

　最近はスパークリングワインと鮨で一人飲みを楽しむ粋な女性も急増中だという。冬には脂ののった「寒サバ」や、「大間のマグロ」が入荷予定なのでお楽しみに。

鮨 泉水《せんすい》

浜松市中区板屋町2
シティタワー浜松1F
Ｔ053・457・3535
営11:30～14:00(最終入店13:15、13:30LO)、17:30～22:00(最終入店～21:00、21:30LO)　休木曜、第3水曜　席カウンター10席、座敷8席（コース予約限定席）　Ｐなし

【お薦め】
●にぎりおまかせコース(9貫)3500円
●コース(酒肴・にぎりなど)10000円～
※要予約

【予算】
昼1500～3600円、夜10000～15000円

(上)50分かけて焼く、カステラのような食感のエビすり身入り玉子焼きと、カツオだしの利いた出し巻き玉子の2種類がある
(右上)奈良産の天然ヒノキを贅沢に使ったカウンター席
(右下)日本酒は純米吟醸が1000円前後、大吟醸は2000～3000円

稲藁の塩タタキ

1日寝かせて熟成させたカツオを藁と一緒に焼くことで香りと旨味を添える。1貫400円（ほぼ通年）

新子《しんこ》

赤酢と自然塩で締めた浜名湖産。シャリの上に11枚のる姿は圧巻。6~7月末まで。1貫時価

黒鯥《むつ》の皮目の炙り

皮目を炙り、皮と身の間に詰まった旨味を引き出す。沼津産を使用。1貫300円（通年）

金目鯛《きんめだい》の昆布〆

軽く塩をふったキンメダイを昆布締めに。塩昆布と岩塩でサッパリと味わう。1貫400円（秋~冬）

鮪《まぐろ》サク漬け

国内産天然マグロを専用の漬け汁に長時間漬け、半レアの漬けに。1貫500円（通年）

天然車海老《えび》

生きたままボイルして色鮮やかに。甘酢と玉子で作った酢おぼろをのせた。1貫700円（通年）

地元素材を愛し、生産者に敬意を示す鮨

県外からの来客をもてなしたい、特別な日の食事を素敵な場所で過ごしたい…。そんな時の店探しの条件は、「地元の味を提供してくれる」、「特別な気分に浸れる」、「信頼できる職人がいる」店ではないだろうか。庖丁人・高林秀幸さんが営む「日本料理寿し半 藍路」は、まさにその条件にピッタリの店だ。店主自ら港へと出向いて吟味した素材を使った鮨は、ネタの新鮮さだけに頼ることなく、ひと手間加えてよりおいしく味わえるよう工夫する。自家製醤油ダレに漬けたイクラや、一度酢で締めて身を引き締めたコハダなど、ていねいな仕事ぶりが光る。調味料にも手を抜かず、磐田市の蔵元・千寿酒造とのコラボレーションで生まれた料理酒のほか、みりんに至っては好評につき店で販売するようになったほどだ。

また、「地産地消料理」の一品にも定評があり、タレか塩が選べる「浜名湖うなぎ」2100円や、「浜松天竜産〝森の名人〟の猪の〝とろとろ〟」1470円など、浜松らしい味覚が季節ごとに登場する。「今月のおまかせ懐石(要予約・6300円から)のコースも人気だ。

高林さんは農林水産省が選定する「地産地消の仕事人」としても活躍する。

日本料理
寿し半《すしはん》 藍路《あいろ》

浜松市東区半田町1720
T 053・433・1421
営 11:30～14:30、17:30～21:30　休 月曜、第1・2火曜
席 カウンター15席、テーブル15席、座敷30席　P 30台

【お薦め】
- ●レディス懐石(女性のみ、要予約)3990円～
- ●寿司懐石・夢懐石4410円～
- ●平日のランチ・ちらし寿司御膳1470円～

【予算】
昼1470～6300円、夜4410円～

(上)カウンター席の奥に掲げるオブジェは、「和」「遊」「愛」など高林さんが信条とする7文字をモチーフにして陶芸家の安藤実氏が手がけた作品
(右上)店主・高林秀幸さん
(右下)千寿酒造と共同開発した「酒みりん」500円と「料理酒」340円

浜名湖産「クロダイ」、遠州灘の「マダイ」と「スズキ」の白身魚3種類（各1貫420円）。繊細な味の違いを比べられるように、世界一きれいな海水で作るスロベニアの塩で提供する演出もニクい。マダイは春と秋、クロダイとスズキは夏が旬

細工鮨の技に見惚れ、磐田・福田の味に舌鼓

沖之寿司《おきのずし》

磐田市城之崎4-9-2
[T]0538・37・0009
[営]11:30～13:30、17:00～22:00 [休]水曜 [席]カウンター8席、座敷20席
[P]8台

【お薦め】
- ●おまかせ(上)12貫3000円
- ●遠江セット(夜限定)1000円～
- ●特選コース3150円

【予算】
昼1000円～2940円、
夜4000円～

新鮮な生シラスやモチッとした食感のモチガツオ、京都の老舗料亭御用達のエビ芋など、おいしい食材に恵まれた磐田市。そんな土地の恵みを最大限に生かす鮨店として評判を呼んでいるのがここ「沖之寿司」だ。

店主・甲賀進一さんが毎日市場や港に通い、厳選して手に入れた食材は「本日のおすすめ」として登場。刺身、にぎりで食す磐田ブランドの「低温熟成もっちりマグロ」も見逃せない。シャリは磐田産古代米(黒米)と無農薬米をブレンドし、合わせ酢には赤酢と磐田化学のクエン酸を使用している。

盛り込み鮨の中に華やかな細工鮨や四海巻き、鳥や蝶の飾り笹を添えるサービスも粋だ(要予約)。特別な日にお薦めしたい。

(上)できたての玉子焼きに、店名の焼き印を入れる店主・甲賀進一さん
(右)カウンター席では、にぎりに生醤油をひと塗りして、提供している

(上)彩り美しい「四海巻き」は昔から祝いの席には欠かせない。5人前以上(5000円前後～)につき1つ付く(要予約)
(右)「細工鮨」は特別な日に用意される「盛り込み寿司」3人前以上5000円前後～に1つ付く(要予約)

浜名湖・遠州灘の〝恵味〟を女性職人の鮨で楽しむ

10～2月末頃に味わえる「とらふぐのにぎり」。地元名産の淡白なフグと酢飯の酸味が醤油と相性抜群。「ふぐ尽しコース」と「末広尽しコース」に登場(要予約)。

「ちょっと寄りたくなる」そんな鮨屋になりたいと話すのは3代目店主・横田知佐子さん。戦前からの暖簾を守り、仕入れ、仕込みもこなす女性鮨職人だ。地ネタを愛する「末広鮨」のいち押しは巻物。使う海苔は全て「浜名湖産」という徹底ぶり。一度炙ってから使う浜名湖海苔は、磯の香りが高く、地元でも愛される品のひとつ。この巻物が食べたくて、来店する客も少なくないという。

女性客も多く、結婚記念日や誕生日に人気なのは「店主おもてなしコース」。食べたいネタや苦手なネタなど、事前に告げれば予算に応じ支度。季節感あふれる料理を楽しむことができる。

目当てのネタがある時は、店主に事前連絡を忘れずに。

末広鮨《すえひろずし》

浜松市中区砂山町360-6
Ⓣ053・452・6288
営11：30～13：30、17：00～22：00　休水曜、第2火曜
席カウンター8席、テーブル12席、2階ソファ23席　Ⓟなし

【お薦め】
●店主おもてなし(要予約)5500円～
●ふぐ尽しコース(要予約)10500円
●末広尽しコース(要予約)8400円

【予算】
昼500円、夜3500円～予算に合わせて

浜名湖名物の高級食材、ドウマンガニを贅沢に使った「ドウマンのにぎり」。7～9月頃が旬。1貫210円

店主の横田知佐子さん

鮨屋の肴図鑑

鮨を食べる前の酒のアテ。そこには鮨屋ならでの工夫が潜む。魚介を生かし、焼き、煮、蒸しに…。和食の技で、一品料理に仕立てる。ゴールのにぎり鮨へと向かう贅沢な序章だ。

「鮪の風味焼き」1400円

寿司処 昇利（P46）

刺身で食べるバチマグロのハラモを、野菜などで作った醤油ベースの特製ダレに漬け込んで焼いたもの。レモンと黄身おろしで食べる。マグロは南マグロのかまトロになることもある。

「まぐろのホホ肉のてりやき」1050円

寿司割烹 八千代寿し鐵（P40）

バチマグロのホホ部分の肉を醤油、酒、みりん、砂糖のタレで照り焼きに。アツアツ鉄板に、グツグツ煮立つタレのいい香りが食欲をそそる。純米酒、純米吟醸との相性は親方のお墨付きだ。

「秋の彩り味噌焼き」1890円

たか鮨（P64）

旬の食材を網焼きし、オリジナルの味噌で田楽風に仕上げた一品。常連客からは「おまかせ」で注文されることが多い。写真は、バターナッツカボチャ、米茄子、カニ、松茸などで彩り豊かに。

「姫小鯛の一夜干し」
おつまみと握り鮨のコースより

美代司鮨（P36）

ふっくら焼かれた身は白身魚らしい上品な味で、焼いて鮮やかに色付いた赤い皮の香ばしさも格別。コース料理の魚は日によってかわるので、出合えたらラッキー。

「海老天婦羅」900円

初川（P06）

できるだけまっすぐ仕上がるよう揚げ、程よく花を散らした大ぶりのエビ3尾に、野菜の天ぷらもプラス。抹茶塩でさっぱりと素材の味を楽しむ。

「海老・烏賊入り自家製揚げ半」630円

大山屋（P66）

鮨屋で使う新鮮なエビとイカがたっぷり、ニンジンやニラといった野菜も入っている手づくり揚げ半。そのままでも、好みで醤油をつけてもOK。付け合わせのポテトサラダもうれしいアテだ。

「蒸し鮑」おまかせコースより

すし處 氣市（P42）

雄貝を醤油と酒で蒸した香り高い逸品。ほど良い食感は、さすが職人技。そして酒好きにはたまらない磯の香が広がる肝の独特な旨さ。杯が進むこと間違いなし。

「特製茶碗蒸し」420円

日本料理 寿し半 藍路（P72）

浜名湖産の車エビや、市内の生産者が作る食用ヘチマなど地元の素材を贅沢にトッピングしたオリジナル茶碗蒸し。やさしい味わいで、日本酒のベストパートナーとして活躍。

「毛蟹」3150~4200円

すしと板前料理 篤（P56）

北海道東沖の毛ガニを、活きたまま仕入れて作る。並んだ足肉の下は、2匹分のカニ味噌とほぐしたカニ身が、ギュギュッと惜しげもなく詰め込んである。カニをスマートに余すことなく贅沢に味わえる。

鮨本プラス

鮨ことば

本誌には、鮨屋の専門用語が多数出てくる。そこで少々解説を。きっと「鮨」がもっとおいしくなるはずだ。

【赤酢（粕酢）】
酒粕を原料に作られた酢。酒粕をじっくり熟成し、酢に発酵させたものほど酸味がまろやかで、香りや旨味があり、色も赤くなる。これを赤酢と呼ぶ。コクのある風味が鮨に合う。

【あがり】
お茶のこと。鮨を食べた時に舌の上に残る脂をさっと落とし、次の鮨を味わう口直しのためにお茶が出される。

【炙り】
マグロなどネタの表面に香ばしく焼きめをつけたにぎり。キンメダイ、タチウオ、貝の炙りなどもある。

【江戸前鮨】
江戸文化が生んだ、江戸前の海（東京湾）の魚介を使用した鮨をさすが、一般的にはにぎり鮨を中心に提供される鮨を言う。赤身、白身、光り物、貝類、エビ、イカ、魚卵など、江戸前鮨のネタには様々なものが使われる。それぞれの魚の持ち味に加え、刺身のように生で握るもの、光り物のように酢で締めるもの、アナゴのように煮物にして握るものなど、様々な技で、鮨の味わいを広げている。江戸前にぎり鮨の誕生には諸説あるが、その一つが、江戸時代の文政年間（1813〜1831）に、両国の「與（与）兵衛ずし」初代の花屋與（与）兵衛が考案したというもの。與兵衛が江戸に奉公に出、何度か商売を変えた後、文政年間に鮨を売り歩き資金を貯め、尾上町（両国の回向院前）に、店を持ち、「與兵衛ずし」の看板を掲げた。この店がにぎり鮨の元祖とされている。

【エビのおどり】
生きているエビの殻をむいてそのままにぎりにするのがおどり。エビがピクピク動いている様からこの呼び名に。

【帯つけ】
玉子焼きなどのネタを海苔で帯のように巻くこと。

【ガリ】
ショウガを薄く切って甘酢などで調理したもの。いろいろなネタを食べていく時に、前のネタの味を消し、さっぱりさせる作用がある。ショウガには細菌の繁殖を抑える効果もある。

【貫】
にぎり鮨を数える単位。

【玉（ぎょく）】
玉子焼きのこと。

【くらかけ】
鞍を馬の背にかけるように、鮨ネタをまん中で切り開いて握ること。

【ゲタ】
鮨を乗せる小さな台。下駄のように見えることから。

【シャリ】
酢飯のこと。仏舎利からきていて、お釈迦様の遺骨が白く細かいことから、名付けられた。

【出世魚】
成長にしたがって呼び名が変わる魚のことで、コハダがその代表的存在。4～5㎝の幼魚を「シンコ」、7、8～10㎝程度のものを「コハダ」、12～13㎝のものを「ナカズミ」、15㎝以上を「コノシロ」と呼ぶ。鮨に使われる出世魚にはほかにブリ、スズキがある。

【白身のネタ】
白身のネタには、タイやヒラメ、サワラ、スズキ、カレイ、シマアジ、ハマチ、ブリ、イサキなどがある。

【新子（シンコ）】
4～5㎝のコハダの幼魚。旬は夏。サイズが小さいため1貫に何枚かを合わせ乗せ、握られる。

【漬け（ヅケ）】
マグロの赤身のこと。冷蔵庫のない時代醤油に漬け込んだことから。醤油漬けのネタ、一般にも使われる。

【付け台】
握った鮨を置く、客の前にある台。

【付け場】
鮨の調理場のこと。醤油や塩で漬ける仕事が多かったことから、鮨は作ると言わず、漬けると言う。

【ツメ（煮ツメ）】
煮物の煮汁を煮詰めたもの。アナゴなどに塗られる。

【なみだ】
山葵のこと。辛いと涙が出ることから。特有の辛味と香りで味覚を一時的に麻痺させ、魚の生臭みを感じさせない作用がある。

【煮きり】
醤油に酒やみりんなどを加え煮たて、醤油臭さを飛ばしたもの。ネタに刷毛で塗って、提供される。

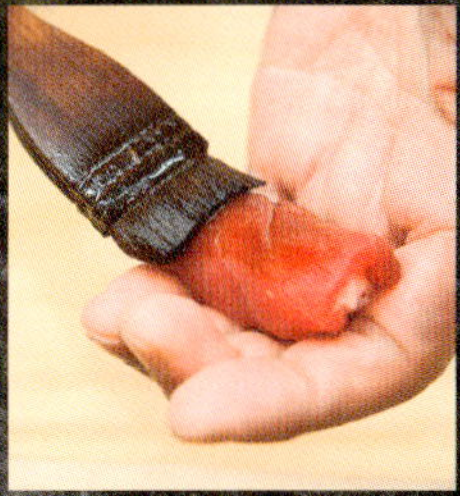

【光り物】
コハダ、アジ、サバ、キス、サヨリ、イワシ、サンマなどに代表される魚。多くが酢で締められて使われるが、アジ、キス、サヨリなどは生のまま握られることもある。

【むらさき】
醤油のこと。醤油の香り成分が、魚の生臭みを消し、鮨の風味を向上させる。生醤油に酒やみりんなどを加え煮たてたものを使う店もある。

〈参考資料〉
○全国すし商生活衛生同業組合連合会ホームページ
○「すしダネと魚」全国すし商生活衛生同業組合連合会発行
○「東京すし通読本」柑出版社発行
○大辞泉
○Wikipedia

企画・編集　静岡新聞社 出版部

スタッフ
飯田奈緒・海野志保子・梶歩・瀧戸啓美
瀧本和人・永井麻矢・野寄晴義・深澤二郎
溝口裕加

フォーマットデザイン
komada design office

レイアウト
エスツーワークス

ぐるぐる文庫　鮨本
2012年11月20日　初版発行

著　者　静岡新聞社
発行者　大石　剛
発行所　静岡新聞社
〒422-8033　静岡市駿河区登呂3-1-1
TEL 054-284-1666

印刷・製本　株式会社DNP中部

ISBN978-4-7838-1937-0 C0036

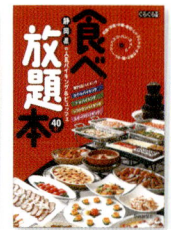